Hanes yr Iaith mewn 50 gair

Ifor ap Glyn

Golygwyd gan Lowri Ifor

Gwasg Carreg Gwalch

Argraffiad cyntaf: 2018

ⓗ testun: Ifor ap Glyn 2018

Rhif Llyfr Safonol Rhyngwladol:
978-1-84527-652-2

Cyhoeddwyd gyda chymorth Cyngor Llyfrau Cymru

Diolch i John Dilwyn Williams, Archifdy Gwynedd
am wybodaeth ychwanegol am dafarn Sarn Mellteyrn ar dud. 77.

Cyhoeddwyd gan Wasg Carreg Gwalch,
12 Iard yr Orsaf, Llanrwst, Dyffryn Conwy, Cymru LL26 0EH.
Ffôn: 01492 642031
e-bost: llyfrau@carreg-gwalch.cymru
lle ar y we: www.carreg-gwalch.cymru

Argraffwyd a chyhoeddwyd yng Nghymru

Cyflwynedig
i Mam / Mamgu

CYNNWYS

CYFLWYNIAD

Tua chanol y bore mae'r ebost yn cyrraedd fel arfer. Ebost dyddiol yw hwn wedi'i gywain gan griw'r adran ym Mangor sy'n sgwrsio â gwrandawyr sy' wedi'u gwylltio, neu eu swyno, gan raglenni Radio Cymru. Dyma lle cewch chi'r gwych a'r gwachul, a dyma lle cewch chi awgrym os yw rhaglen wedi taro deuddeg go iawn neu bechu digon i ennyn ymateb yn y fan a'r lle. Prin bydda i'n eu darllen heb goffi mawr a chryf yn fy llaw.

O'r funud y daeth Ifor ap Glyn i'n gweld ni i gynnig bod Radio Cymru'n darlledu pytiau dros flwyddyn, yn olrhain hanes y Gymraeg drwy gyfrwng hanner cant o eirau, fe es i dros 'y mhen i'r garfan 'swyno'. Am syniad syml ond ysbrydoledig i orsaf radio genedlaethol sy'n anelu bob dydd i fod yn 'Llais Cymru'.

Fe drawodd Ifor ei ben – 'talcen!' meddai – cyn mynd â ni ar daith at ben bwyell yn y shed dŵls, yr hen Wyddeleg, a 'slang direidus' am arferion mynachod Celtaidd wrth dorri'u gwalltie. Fe aeth â ni o un pen i'r gwledydd Celtaidd a Chymru i'r llall, yn pori wrth fynd ar bytiau o hanes datblygiad cymdeithasegol a ieithyddol y Gymraeg. O 'herco' i 'OMB', o'r 'llaw' i'r 'genau' yn llythrennol, mae'r casgliad – y gellir ei glywed o hyd ar wefan Radio Cymru – yn cosi'r glust a chosi'r meddwl ar yr un pryd.

Beth oedd barn y gwrandawyr? *"Dwi newydd wrando ar y*

rhaglen hon rwan ac roedd rhaid i mi stopio'r car er mwyn ffonio chi i ganmol. Mi wnes fwynhau'n arw."

"Dyma raglen ddiddorol dros ben ar Radio Cymru ar hyn o bryd" meddai sawl un arall, ac un yn mentro holi, *"A fydd llyfr yn cael ei gyhoeddi, os gwelwch yn dda? Mae yna gymaint o ffeithiau ym mhob rhaglen yr hoffwn eistedd a darllen amdanynt."*

Diolch i waith Ifor ap Glyn ac i Wasg Carreg Gwalch – bydd! A dyma hi'r gyfrol ar y silff lyfrau. Swyno neu wylltio, darllen dros goffi neu mewn 'stafelloedd dosbarth, mwynhewch roi hwb i hanes y Gymraeg ... mewn hanner can gair.

Betsan Powys
Golygydd Radio Cymru

Rhagymadrodd

Mae'r gyfrol hon yn seiliedig ar gyfres o hanner cant o eitemau radio a ddarlledwyd ar Radio Cymru rhwng Awst 2016 a Gorffennaf 2017.

Nid dyma'r tro cyntaf i hanes geiriau Cymraeg gael ei drafod ar y radio – mae Hywel Wyn Owen, Twm Morys, Tomos Roberts a Bedwyr Lewis Jones ymhlith eraill, i gyd wedi rhannu eu gwybodaeth yn y gorffennol – ac mae'n amlwg fod y gynulleidfa Gymraeg yn awchu gymaint ag erioed am wybod mwy am y geiriau a ddefnyddiwn yn ein sgwrs bob dydd.

Ar ôl i eitemau 'Hanes yr Iaith mewn Hanner can Gair' gael eu darlledu, byddwn i'n aml yn cael rhywun yn tynnu sgwrs amdanyn nhw y diwrnod wedyn:

"Bydde 'nhad yn arfer gweud 'na"; neu *"Ddylis i 'rioed ma'* **dyna** *be odd hwnna'n feddwl"*, ac yn y blaen – a'r ymateb yna sydd wedi fy ysgogi i gyflwyno cynnwys y gyfres radio ar ffurf llyfr.

*   *   *

Mae ambell un wedi holi, 'ble gest ti'r fath ddiddordeb mewn geiriau?' Gwir i mi gael fy magu ar aelwyd 'ddwyieithog' (Mam yn siarad Cymraeg Llanrwst a 'Nhad yn siarad iaith Pontrhydfendigaid!) a chan fod yr aelwyd honno yn Llundain, roedd 'na dipyn o gyfle i glywed a chymharu sawl ffurf arall ar y Gymraeg – a sawl iaith arall wrth reswm.

Yn yr ysgol yn y saithdegau roedd bri o hyd ar ddysgu Lladin, ac wrth imi wneud hynny, dyma ddechrau deall mwy am darddiad geiriau; ac wrth astudio Ffrangeg ac Almaeneg hefyd, dyma weld sut oedd geiriau o'r ieithoedd hynny'n perthyn i'r Saesneg – ac i'r Gymraeg weithiau.

Yng Ngholeg y Brifysgol yng Nghaerdydd wedyn, wrth astudio'r Gymraeg hefo'r Athro Ceri W. Lewis, roedd cryn bwyslais ar 'Hanes yr Iaith Gymraeg'; a'r 'Elfen Ladin yn y Gymraeg' a dyma borthi 'niddordeb yn fwy byth. Gyda Peter Wynn Thomas bydden ni'n trafod adnoddau'r iaith lafar, ac roedd hynny'n apelio llawn gymaint ataf ag oedd dysgu am yr iaith lenyddol. Diddorol oedd darllen y deyrnged hon i Bedwyr Lewis Jones gan Gwyn Thomas yn 1992:

"Yr oedd wedi dysgu 'clywed' ac oherwydd hynny fe fyddai'n codi ymadroddion a geiriau a dulliau o ddweud gyda rhyfeddod a brwdfrydedd... Un o'i ddaliadau mawr oedd fod, hyd at ei genhedlaeth o, gyfoeth hen wedi ei gadw ar lafar, cyfoeth nad oedd wedi llawn weithio ei hun i lenyddiaeth ysgrifenedig."

Flynyddoedd wedyn, cefais archwilio drosof fy hun beth o gyfoeth yr iaith lafar honno, yn y cyfresi 'Ar Lafar' ar S4C (2011-12) A gobeithiaf fod y llafar yn ogystal â'r llenyddol yn cael lle teilwng yn y gyfrol hon. Ceisiwyd adlewyrchu rhywfaint o nodweddion Cymraeg llafar pob ardal yng Nghymru.

* * *

Dywedir fod corrach yn gallu gweld ymhell os yw'n eistedd ar ysgwydd cawr – a dwi'n ymwybodol iawn o'm dyled i'r rhai fu'n llafurio yn y maes o'm blaen, fel y nodais ar ddechrau'r rhagymadrodd hwn. Ond dwi'n ddyledus i gawr arall am deitl (ac yn wir syniad) y prosiect hwn – David Crystal, o Gaergybi. Ef yw un o'r arbenigwyr mwyaf disglair ar hanes yr iaith Saesneg, ac yn wir, ar nodweddion iaith yn gyffredinol. Ymhlith y cant a mwy o gyfrolau y mae wedi eu cyhoeddi ar wahanol agweddau o hanes iaith, cafwyd ganddo *The Story of English in 100 Words* yn 2011. Clywais David yn siarad am y llyfr hwnnw yng Ngwŷl Dinefwr yn 2012, a gofynais iddo wedyn a gawn i fenthyg ei strwythur a'i chymhwyso at y Gymraeg. Cydsyniodd, gan ychwanegu mai *A History of the World in 100 Objects* gan Neil MacGregor oedd wedi ei ysbrydoli yntau. Diolch i'r ddau, felly!

* * *

Yn y llyfr hwn, byddwn yn edrych ar eiriau ac ymadroddion o bob cyfnod yn hanes yr iaith; o Gymraeg cynnar, sef cyn diwedd yr 8fed ganrif, (er enghraifft, **18 newydd**, a **11 peiriant**) hyd ddatblygiadau cyfoes fel (**28 podlediad**) a iaith decstio, (**27 omb**).

Cawn enghreifftiau o eiriau sydd wedi eu benthyg o'r Lladin (**37 braich; 34 cloch**); o'r Wyddeleg (**35 talcen**); ac o'r Saesneg (**23 sadio; 10 jac**) Bydd rhai geiriau yn ein harwain i fyd y chwarel a'r pwll (**43 sbragio**); eraill i'r diwydiant gwlân (**5 brethyn**) a bydd lle i drafod arferion cymdeithasol mwy hamddenol, fel (**8**) **dishgled**, (**31**) **pêl** a (**44**) **meddwi**.

Wrth drafod hanes iaith, y geiriau 'cynnwys' sy'n tueddu i

gael y sylw mwyaf, y geiriau hefo ystyron clir fel yn yr enghreifftiau uchod. Ond rhown sylw hefyd i'r geiriau llai amlwg, y geiriau bach sy'n helpu cydio brawddegau at ei gilydd, fel (**39**) **ei**, (**26**) **wedi**, a (**46**) **ynde**.

Edrychwn hefyd ar sut mae'r treigliadau wedi dylanwadu ar yr iaith, (**41 egwyddor; 42 nhw**) a sut mae geiriau newydd yn cael eu creu drwy dalfyrru (**45 sesh**) a thrwy ddyddyblu (**29 pili-pala**)

Rhyw *pick'n'mix* o lyfr yw hwn; mae elfen o hap i drefn y geiriau, ac yn hynny o beth mae'n blentyn i'w dad, sef cyfres radio lle roedd rhaid i bob eitem sefyll ar ei thraed ei hun, heb fedru cyfeirio at eitem flaenorol rai wythnosau ynghynt. Ond wrth ymchwilio ar gyfer y gyfres radio a'r llyfr hwn, dwi wedi mwynhau dysgu sawl peth newydd am hanes ein hiaith ni – a gobeithio y gwnewch chithau hefyd, wrth ddarllen y gyfrol hon.

Ifor ap Glyn
Chwefror 2018

DIOLCHIADAU

Cyfres o eitemau radio a gynhyrchwyd i BBC Radio Cymru, oedd sail y llyfr hwn. Diolch i Betsan Powys am ei ffydd yn y prosiect ac am ysgrifennu rhagair i'r gyfrol hon.

John Roberts oedd yn gofalu am y prosiect o ochr Radio Cymru ac roedd ei nodiadau ar bob eitem, bob tro'n fanwl ac yn deg, er mwyn sicrhau'r safon orau posib. Mae'n feistr ar feirniadaeth adeiladol a diolch iddo yntau, ac hefyd i Siân Cothi a'i thîm am roi cartref rheolaidd i'r eitemau yn ystod ei rhaglen, *Bore Cothi*.

Comisiynwyd Cwmni Da i gynhyrchu'r eitemau, ac mae fy nyled i'r rhai gynorthwyodd hefo'r gyfres yn fawr. Bu Gwyddfid Jones yn gofalu am y gwaith papur, a Mari Llwyd yn gwneud ac yn ail-wneud y trefniadau golygu yn ddirwgnach dros gyfnod o fisoedd. Dwi'n siwr 'mod i wedi plagio pawb yn y cwmni bron i recordio'r brawddegau enghreifftiol ar gyfer yr eitemau radio! – diolch iddynt i gyd, ac ambell un arall o'r tu allan, fel Aled Jones, Wyn Williams a Gwion Hallam.

Diolch arbennig i'r tri nesaf: bu Elin Gwyn wrthi am wythnosau yn hel tomen o wybodaeth ac yn gwneud drafftiau cyntaf o sawl sgript; ac ar yr ochr dechnegol, bu Osian Howells ac Aled Meredith yn gefn drwy'r broses i gyd, yn recordio ac yn golygu'r cyfan.

Bu Lowri Ifor yn gysylltiedig â'r prosiect sawl gwaith –
gwnaeth ymchwil hefo Gwion ei brawd ar gyfer rhai o'r eitemau
cynhara', cafodd ei holi ar gyfer un o'r eitemau – a daeth hi nôl
ar ddiwedd y cyfan i ofalu am droi'r sgriptiau radio yn destun
llyfr. Mawr yw fy niolch iddi.

A diolch yn olaf i Wasg Carreg Gwalch am eu gofal arferol
wrth lywio'r llyfr drwy'r wasg.

1. IAITH

Llun: Ras yr Iaith, yn barod i gychwyn o flaen Ysgol Glan Cegin ym Mangor. Dyna un syniad diweddar i hyrwyddo'r Gymraeg ond beth yn union mae'r gair 'iaith' yn ei olygu?

Mae '**iaith**' yn un o'r geiriau cyfriniol 'na sy'n ganolog i sut 'dan ni'n meddwl amdanon ni ein hunain fel Cymry. Wrth sôn am 'yr iaith', does dim amheuaeth am ba iaith 'dan ni'n feddwl – y Gymraeg, siwr iawn.

Mae'n ddiddorol nodi fod y gair 'iaith' yn y Canoloesoedd, nid yn unig yn golygu *'y cyfangorff o eiriau a arferir gan genedl'* (a benthyg diffiniad Geiriadur y Brifysgol), ond ei fod hefyd yn gallu cyfeirio at y bobl oedd yn siarad yr iaith honno. Er enghraifft, pan 'sgwennodd y bardd Iolo Goch gerdd i nain a thaid Iesu Grist yn y bedwaredd ganrif ar ddeg – *'Y gŵr oedd gorau o'r **iaith**, O'r deml a yrrwyd ymaith'* – pobl mae 'iaith' yn ei olygu iddo fo, sef grŵp sy'n rhannu'r un iaith.

Yng nghyfnod Iolo Goch, 'iaith' oedd y gair mwyaf cyffredin am beth y buasem ni bellach yn ei ddisgrifio fel 'cenedl'. (tud. 25) Gwelwn syniad tebyg yn Papua New Guinea heddiw – eu gair nhw am lwyth yw *'wan tok'* – sef criw o bobl sy'n siarad *'one talk'*, sef un iaith.

Mae'n ddiddorol fod gennym ni yn y Gymraeg un gair i gyfleu'r syniad o fod yn siarad neu'n rhannu'r un iaith, sef

cyfiaith, tra fod angen brawddeg i fynegi'r un syniad yn Saesneg. Os <u>nad</u> ydi rhywun yn siarad yr un iaith, maen nhw'n **anghyfiaith**.

Erbyn heddiw, dydan ni ddim yn bodloni ar ddosbarthu siaradwyr yn 'gyfiaith' ac 'anghyfiaith'. Rhaid mynd ymhellach. 'Dan ni isio gwybod <u>pa fath</u> o Gymraeg maen nhw'n ei siarad – iaith Maldwyn neu iaith Môn, iaith y Cardis neu iaith sir Gâr – am fod iaith yn gallu golygu **'tafodiaith'** hefyd. Holwn hefyd yn aml, a ydy rhywun yn siarad Cymraeg fel **'iaith gynta'**, **'iaith enedigol'** neu **'famiaith'**, ac nid obsesiwn diweddar yw hyn – mae'r term 'iaith enedigol' yn dyddio'n ôl i 1721, a 'mamiaith' yn dyddio'n ôl i 1607.

Fel pobl 'dan ni'n ymwybodol o hynafiaeth y Gymraeg, un o ieithoedd hynaf Ewrop, fel mae'r llieiniau sychu llestri mewn siopau twristaidd yn hoff o frolio! Tydi hi ddim yn syndod ein bod ni'n cyfeirio at yr iaith weithiau fel yr **heniaith**. Cofiwch, mae 'hen' nid yn unig yn cyfleu hynafiaeth y Gymraeg, mae hefyd yn derm o anwyldeb. (gw. hen, tud. 81)

Os ydi'r heniaith felly yn rhywbeth i'w thrysori a'i hanwylo, mae 'na rai mathau o iaith y dylid eu hosgoi. Yn wreiddiol roedd **'gweniaith'** yn disgrifio iaith hardd, yn yr un modd ag y dywedwn 'gwyn dy fyd di' neu 'gwyn y gwêl y frân ei chyw', ond yn fuan iawn daeth i olygu geiriau teg ond twyllodrus, neu foliant ffug: '*Na chred weniaith*', meddai llawysgrif o 1300.

Mae cyfieithiad William Morgan o lyfr y proffwyd Job yn rhoi rhybudd sydd hyd yn oed yn fwy bygythiol:

'*Yr hwn a ddywed weniaith i'w gyfeillion, llygaid ei feibion ef a ballant.*' (*Job 17.5*)

Math arall o iaith i'w hosgoi yw **'iaith sathredig'**, neu **'fratiaith'**; iaith sydd wedi'i llygru, wedi'i baeddu. Mae 'brat' yn air arall am y ffedog a wisgai merch neu blentyn i gadw eu dillad yn lân, a chofnodwyd y gair 'bratiaith' gynta' yn 1858. Yn y cyfnod yna, mae'n debyg mai un o'r pethau oedd yn llygru'r Gymraeg yn fwyfwy oedd yr **iaith fain**. Ond beth yw ystyr yr ymadrodd hwnnw?

Mae rhai'n honni ei fod yn gyfeiriad at y ffordd 'da ni'n siarad Cymraeg – 'da ni'n sôn am siarad llond ceg o Gymraeg, tra fo'r Saesneg yn aml yn cael ei siarad â gwefusau tynn. Rhaid agor y geg i siarad Cymraeg; diddorol yw deall mai yr **'iaith lydan'** oedd pobl dwyrain Morgannwg yn galw'r Gymraeg. Efallai fod hwn yn ymadrodd oedd i'w glywed drwy Gymru benbaladr ers talwm, yn cyferbynnu â 'iaith fain' y Saeson.

Dyma ysgrifennodd J.H. Jones o Feirionnydd ychydig dros ganrif yn ôl:

'Yr oedd Cymraeg John Trefor mor lân ac mor lydan a Chymraeg Trawsfynydd, a dyna'r Cymraeg lleta' sy.'

Ond o fewn yr iaith lydan, mae 'na un math olaf o iaith y dylid ei hosgoi, sef **'iaith fras'**, **'iaith gableddus'**, **'iaith goch'**. (Tydi hi'n rhyfedd fod gan y Saeson *'blue language'* tra bod gynnon ni 'iaith goch'?!) **Iaith halier** fyddai rhai yn ddweud ym maes glo Morgannwg am regfeydd o'r fath – mae'n debyg fod yr haliers oedd yn trin y ceffylau dan ddaear â'r enw o fod yn ddynion blin ac ymfflamychol.

Cofiwch, yn y gyfrol hon 'dan ni'n dathlu iaith o bob math; 'iaith goch' a 'iaith goeth'; 'iaith pregethwyr', a 'iaith y werin' ... achos efo **'iaith y nefoedd'**, mae unrhyw beth yn bosib!

2. ARAITH

Llun: Areithiwr yn un o'r ralïau protest yn gwrthwynebu boddi Capel Celyn. Ond mae sawl diben posib i araith – ac yn wir, sawl ystyr...

Beth sy'n gyffredin rhwng eisteddfod flynyddol y Gwyddelod a geiriau enwog Hamlet?

'Ai bod? Ai peidio bod? Dyna yw'r cwestiwn. P'run harddaf yn yr enaid, ai dioddef holl saethau ac ergydion ffawd ysgeler...'

Wel, *oireachtas* yw'r enw ar eisteddfod y Gwyddelod, ac **'araith'** yw ein gair ni am linellau actor mewn theatr – ac yn y pen draw mae'r ddau beth yn dod o'r un gair. Mae'r Wyddeleg a'r Gymraeg fel ei gilydd, yn hanu o'r un iaith Geltaidd gyffredin, os awn ni'n ddigon pell yn ôl, ac ymhlith geiriau'r iaith honno roedd y gair *'araktos.'*

Yn y Wyddeleg, troes hynny'n *'arakt'* ac wedyn yn *'airecht'.* Yn Gymraeg datblygodd hyn ymhellach – troes *'aracht'* yn *'arachth'*, ac wedyn yn 'araith'.

Yn ogystal â chyfeirio at eiriau actor mewn theatr, gall 'araith' gyfeirio at gyfarchion mewn cinio priodas, neu anerchiad ar lawr y Cynulliad, ac yn y cyswllt ola' yna, 'dan ni'n dod yn nes at ystyr gwreiddiol 'araith'.

I ni, y geiriau sy'n cael eu llefaru o flaen y cynulliad yw 'araith' ond i'r Gwyddelod, yr '*airecht*' yw'r cynulliad ei hun. Yn ôl croniclau'r Gwyddelod, cynhaliwyd yr '*airecht*' cyntaf yn Nulyn yn y flwyddyn 1023. Roedd yn fwy na llys barn; roedd yn rhywle lle gellid trafod anghydfod rhwng gwahanol ranbarthau. Hyd heddiw, '*oireachtas*' yw'r gair Gwyddeleg ar y corff sy'n llunio'u cyfreithiau nhw yn Nulyn.

Yn 1897 dechreuodd '*Oireachtas na Gaeilge*' sef 'cynulliad y Wyddeleg', gŵyl flynyddol i ddathlu diwylliant yn yr iaith honno, a gŵyl a ysbrydolwyd i raddau gan lwyddiant yr Eisteddfod Gymraeg.

Os yw *airecht* ac 'araith' wedi datblygu i gyfeiriadau eithaf gwahanol, mae ambell bâr arall o eiriau sydd wedi cadw ystyr debycach yn y ddwy iaith. Mae *teacht* yn golygu 'dod' neu 'dyfodiad' yn y Wyddeleg, ond mae'r gair cyfatebol wedi rhoi **'taith'** yn Gymraeg. Ac mae'r rhif *seacht* yn y Wyddeleg yn cyfateb i **'saith'** yn Gymraeg.

Yn ôl Theodore Sorensen, oedd yn helpu'r Arlywydd John F. Kennedy i ysgrifennu'i areithiau, roedd 'na saith rheol i'w cofio wrth lunio araith lwyddiannus. Un ohonyn nhw oedd '*osgoi geiriau slang ac iaith anweddus*'. Mae'n eironig felly, yw mai un ystyr ar 'araith' yn y Gymraeg ydi 'iaith anweddus'. Fel hyn y datblygodd yr ystyr. Ers talwm gellid defnyddio'r gair 'araith' i ddisgrifio sut oedd rhywun yn siarad. Er enghraifft, dyma 'sgwennodd Peter Williams yn 1770:

'*Ni a wyddom fod gwahanol **araith** ym mysg dynion o'r un wlad a'r un iaith.*'

Hynny yw, roedd ganddyn nhw eu ffyrdd a'u dulliau unigryw o siarad. Ac os oedden nhw'n defnyddio lot o regfeydd wrth siarad, roedd ganddyn nhw wedyn **'araith ddrwg'**. Yn y Gogledd, dechreuodd pobl ddefnyddio **'araith'** ar ei ben ei hun yn y cyswllt yma i olygu iaith anweddus. Felly os yw rhiant heddiw yn clywed ei blant yn rhegi, bydd yn dweud efallai:

'Ei! Llai o'r araith 'na!'

Mae 'araith' felly wedi datblygu'n reit bell o'r hen air Celtaidd *araktos*, ond nid yn unig mewn geiriau o'r famiaith Geltaidd da ni'n gweld y sain '-ct' yna yn troi yn '-th', ond hefyd mewn geiriau Lladin a gafodd eu benthyg i'n hiaith ni.

Felly mae'r gair Lladin *lactus* wedi troi yn **'llaeth'** yn Gymraeg (– a'r un elfen 'dan ni'n ei gweld mewn geiriau Saesneg fel *lactate* sydd hefyd wedi'u benthyg o'r Lladin). Mae *benedictio* wedi rhoi **bendith**, *tractatus* wedi rhoi **traethawd** ac *effectus* wedi rhoi **effaith**.

A chan mai nod pob araith dda yw creu 'effaith' ar ei gwrandawyr, gorffennwn efo darlith radio enwog Saunders Lewis, *Tynged yr Iaith*. Nid 'araith' yn dechnegol efallai, ond roedd y ddarlith broffwydol hon yn dangos yn yr un modd ag araith dda, sut i drin geiriau'n effeithiol er mwyn gwneud pwynt cofiadwy:

'Nid dim llai na chwyldroad yw adfer yr iaith Gymraeg yng Nghymru. Trwy ddulliau chwyldro yn unig y mae llwyddo.'

3. CILYDD

Llun: O'r un cynsail Celtaidd y daw'r geiriau 'cilydd' yn Gymraeg, 'cèilidh' yn yr Aeleg a 'céilí' yn y Wyddeleg.

Beth yw'r cysylltiad rhwng *'Safwn yn y Bwlch'* gan Hogia'r Wyddfa, a cherddoriaeth ddawnsio o Iwerddon? Mae'r ateb yn y gair **'gilydd'**.

*'Gyda'n **gilydd** fe safwn ni'* yw neges gynhyrfus y gân *'Safwn yn y Bwlch'*, a *'Gyda'n **gilydd** yn gryfach'* yw arwyddair tim peldroed Cymru ar hyn o bryd. Ond beth yw ystyr 'cilydd' neu 'gilydd'?

Petawn ni'n gofyn i chi gyfieithu *'roedd pawb yn siarad hefo'i gilydd'* i'r Saesneg, mae'n debyg y byddech chi'n cynnig rhywbeth fel *everyone was talking together* neu *talking with each other*, ond nid ydi hyn yn rhoi syniad i ni o beth yw ystyr gwreiddiol y gair 'gilydd'.

Cymydog, cymar, neu gydymaith oedd yr ystyr wreiddiol. Mae **'cilydd'** yn hen air o dras Celtaidd sydd ag ystyron tebyg yn y Wyddeleg. *Céile* yw eu gair nhw am gydymaith neu rywun sy'n cadw cwmni i ti, a *Fear céile* a *Bean chéile*, neu'n llythrennol 'dyn cilydd' a 'dynes gilydd' yw'r termau yn eu hiaith nhw am ŵr a gwraig, sef y dyn neu'r ddynes sy'n gymar neu'n gwmni i ti. Ond beth yw'r cysylltiad rhwng y gair 'cilydd' a'r gerddoriaeth ddawns o Iwerddon?

O'r gair *céile* yn y Wyddeleg datblygodd *céili*, sef ymweliad cyfeillgar, ymweliad â'r cymdogion, ac aeth *céili* wedyn yn air mwy cyffredinol am noson gymdeithasol, ac wedyn yn air am y math o ddawnsio oedd yn gysylltiedig â nosweithiau cymdeithasol o'r fath, pan fyddai pobl yn cydio 'yn ei gilydd', neu 'yn ei gymydog' ac yn eu troelli ar draws llawr y gegin i gyfeiliant ffidil neu delyn.

Ond trown ni'n ôl at y Gymraeg rwan. Os oedd 'cilydd' yn golygu cymydog neu gymar, sut giliodd yr ystyr yna? Byddai pobl yn defnyddio 'cilydd' erstalwm mewn ymadroddion fel

*'Yr oeddech yn siarad pob un â'i **gilydd***'

*'Rydym yn gryfach, pob un â'i **gilydd**.'*

Roedd hynny'n dipyn bach o lond ceg i'r hen Gymry ac felly dechreuon nhw hepgor y 'pob un' ac ychwanegu'r rhagenw personol, gan roi:

*'Roeddech yn siarad â'ch **gilydd***'

*'Rydym yn gryfach gyda'n **gilydd**.'*

Mae'r ffaith ein bod ni'n dweud "a'n **g**ilydd" yn hytrach nag "a'n **c**ilydd" yn dangos fod yr ystyr wreiddiol wedi mynd yn angof. Ond mae un elfen o'r ymadrodd gwreiddiol "pob un a'i gilydd" wedi goroesi – **ei** gilydd 'dan ni'n sgwennu bob tro, nid **eu** gilydd – a dyna pam.

Mae 'cilydd' wedi rhoi ambell i ymadrodd arall i ni. Os ydan ni'n sôn am **'rywbeth neu'i gilydd'**, rhywbeth neu'i gymydog, rhywbeth tebyg iddo, rhywbeth neu'r llall 'dan ni'n ei feddwl.

*'Wnawn ni'r peth a'r peth **drwy'n gilydd***'

ddywedwn weithiau am dasg sy'n gofyn i ni gydweithio i'w

chwblhau hi, a byddwn ni'n cyfeirio dro arall at unigolion mewn torf yn gweu neu'n symud **'trwy'i gilydd'**. Os ydi rhywbeth wedi **'mynd i'w gilydd'**, yna mae wedi 'mynd mewn' neu shrincio.

'*Yn ni'n mynd, pentigili*' canodd Jim O'Rourke – a gan i ni ddechrau hefo cysylltiad cerddorol, mi orffenwn ni hefo un arall – sut mae Jim O'Rourke a Hogia'r Wyddfa yn ffitio hefo'i gilydd?

Wel ia, siwr iawn – y gair 'cilydd' eto. Un o feibion Sir Benfro yw Jim, ac yn falch o arddel tafodiaith ei sir enedigol – mae'r gair 'na, **'pentigili'** yn dod o 'pen bwy gilydd', sef 'o un pen i'r llall'. Mae wedi magu ystyron cysylltiedig wedyn, fel 'pob cam', 'yr holl ffordd' ac 'yn llwyr'.

'*Fe geres i 'Bergwein **bentigili**'*

Hynny yw, cerddais i yr holl ffordd i Abergwaun. Ond wrth gwrs, dim ond yng ngogledd y sir mae'r dafodiaith honno i'w chlywed, fel mae'r pennill hwn yn esbonio:

"*Mae dwy ochr i Sir Benfro,*
Un i'r Sais a'r llall i'r Cymro,
Melltith Babel wedi rhannu
*Yr hen sir o'r **pentigili**.*"

Yn Babel, yn ôl y Beibl, y daeth ieithoedd gwahanol i fodolaeth am y tro cyntaf, ac yn ôl y bardd anhysbys dyna'r felltith sy'n rhannu'r sir ar ei thraws, o un pen i'r llall – ben bwygilydd, neu **pentigili**.

Ond, 'at ei gilydd', neu ar y cyfan, mae'r ddau set o gymdogion lawr yn Sir Benfro'n cyd-dynnu'n weddol. Cymry yw'r ddau wedi'r cyfan ac yn debycach **i'w gilydd** nag y maen nhw'n ei feddwl efallai – a hynny yn nwy ystyr y gair!

4. Cenedl

Llun: Crys-T o gyfnod rowndiau rhagbrofol Euro 16. 'Cenedl bêl droed annibynnol.'

Y dyddiau hyn caiff y gair '**cenedl**' ei ddefnyddio gan amlaf i olygu cymuned o bobl sy'n rhannu'r un hanes, diwylliant, cyfraith a thiriogaeth, ond nid dyna ystyr gwreiddiol y gair. Roedd **cenedl** yn air i ddisgrifio 'tylwyth' neu 'deulu estynedig' – hyd y 'nawfed ach' yn ôl y gyfraith Gymreig. Gradd o berthynas yw ach, a dyma sut mae'r gyfraith Gymreig yn esbonio'r peth.

"Y cyntaf ach o'r naw yw tad a mam,"

a'r ail ach wedyn oedd eich nain a'ch taid, (neu'ch mam-gu a'ch tad-cu) a'r drydedd oedd eich hen nain a thaid os oeddynt dal yn fyw. Y bedwaredd ach oedd brodyr a chwiorydd, a'r bumed drwodd i'r nawfed ach yn mynd o'ch cefnder cyntaf i'ch pumed cefnder.

Cyfyrder yw'r gair Cymraeg cywir am 'ail gefnder' (neu **gyfyrderes** am ail gyfneither), ac mae'n air a arferir o hyd heddiw, ond ychydig o sôn sydd bellach am **geifn** (trydydd cefnder), **gorcheifn** (pedwerydd cefnder) a **gorchaw,** sef pumed cefnder.

Dyma ni felly wedi cyrraedd y nawfed ach. Felly, yn ôl yn y Canoloesoedd, roedd '**cenedl**' yn griw o bobl oedd i gyd yn hanu o'r un **pen cenedl** sef hen-hen-hen-hen daid neu dad-cu.

Datblygodd y gair **cenhedlu** i ddisgrifio'r weithred o gynhyrchu plant ar gyfer y **genedl**; mae Llyfr Diarhebion yn y Beibl yn cynghori:

*'Gwrando ar dy dad, a'th **genhedlodd**, a phaid â dirmygu dy fam pan fydd yn hen.'*

Ers rhyw hanner can mlynedd 'dan ni'n defnyddio'r term **atal cenhedlu** i ddisgrifio'r gwahanol ddulliau o sicrhau peidio cael plant. Ond pan fo pobl wedi'u cenhedlu tua'r un adeg â'i gilydd, 'dan ni'n cyfeirio atynt fel **'cenhedlaeth'**. Gall y gair **cenedl** hefyd gael ei ddefnyddio i olygu 'math' neu 'deip', er enghraifft y dynged roddodd Arianrhod ar Lleu yn y Mabinogi:

*'Na chaffo wraig fyth o'r **genedl** y sydd ar y ddaear hon.'*

Hynny yw, fyddai Lleu byth yn cael gwraig o'r 'math' sydd ar y ddaear hon. Wrth gwrs, dim ond trwy greu gwraig iddo o flodau'r banadl y llwyddodd ei ewythr Gwydion i ddatrys y broblem honno.

Daliwn i ddefnyddio **cenedl** yn yr ystyr yma wrth sôn am **'genedl yr enw'**. Mae pob enw yn y Gymraeg yn perthyn i'r **'genedl wrywaidd'** neu'r **'genedl fenywaidd'**, ond mae ambell un yn amrywio yn ôl tafodiaith. Yn y gogledd mae'r gair 'munud' yn wrywaidd – *'fydda i'n barod mewn dau funud!'* – ond yn y De, mae 'munud' yn fenywaidd, fel yn llinellau enwog Waldo:

'Un funud fach cyn yr elo'r haul o'r wybren,
Un funud fwyn cyn delo'r hwyr i'w hynt...'

Weithiau mae cenedl yr enw yn newid dros amser. 'Y ddinas' ddywedwn ni heddiw – i ni mae 'dinas' yn air benywaidd – ond gwrywaidd oedd y gair ers talwm. Uwchben Penmaenmawr, roedd hen fryngaer Geltaidd o'r enw 'Braich y **D**inas' – nid 'Braich y **Dd**inas' fel y buasem ni'n ei ddweud erbyn heddiw.

Mae 'rhyfel' yn air arall sydd wedi newid ei genedl. Erbyn heddiw mi soniwn am y Rhyfel **M**awr, ond yn 1916 pan oedd Lloyd George yn areithio yng Nghonwy, dywedodd:

'Mae hon yn rhyfel fawr, a thynged Iwrop, ac efallai'r Ymherodraeth, yn y glorian.'

Rhyfel mawr neu ryfel fawr, roedd hwn (neu hon!) yn frwydr rhwng sawl cenedl, ond sut ddatblygodd 'cenedl' o'i hystyr wreiddiol o 'deulu estynedig' i olygu gwlad gyfan o bobl?

Yn ystod yr Oesoedd Canol, roedd y Cymry'n cyfeirio weithiau at y Llychlynwyr neu'r *'Vikings'* a ymosodai ar arfordir Cymru fel **y Cenhedloedd Duon**, ac yn y Beibl, y 'cenhedloedd' oedd term yr Iddew am unrhyw un nad oedd yn perthyn i genedl yr Iddewon. Mae 'cenedl' yn ei ystyr o bobl o'r un wlad yn dechrau ymddangos yn y bymthegfed ganrif, pan fo'r bardd Lewys Glyn Cothi yn sôn am *'genedl y Cymry'*.

Am gyfnod, defnyddiwyd **'cenhedlaeth'** i olygu cenedl yn yr ystyr o 'bobl o un wlad', a dyna sut y datblygodd yr ansoddair **'cenedlaethol'**. Wrth sôn am y tîm cenedlaethol neu'r anthem genedlaethol, nid sôn am dîm neu anthem un genhedlaeth o bobl fyddwn, ond tîm neu anthem y **genedl**. Mae'r gair 'cenedl' hefyd wedi esgor ar **'cenedlgarwch'**, sef cariad at y genedl, a **'cenedligrwydd'**, sef hanfodion yr hyn sy'n diffinio hunaniaeth genedlaethol.

Yn ôl un diffiniad, *'Cenedl heb iaith, cenedl heb galon'*, ond sut bynnag y dewiswn ddiffinio ein cenedl, mae'n werth cofio fod yr hyn sy'n ein huno ni yn fwy na'r hyn sy'n ein gwahanu. Ac o blith yr holl engreifftiau o'r gair 'cenedl', efallai mai'r **Cenhedloedd Unedig** yw'r pwysicaf un.

5. BRETHYN

Llun: Brethyn Cymreig melin Trefriw. Bu carthen o'r felin hon ar fy ngwely gydol fy mhlentyndod. Ond wyddwn i ddim ar y pryd fod cymaint o eiriau o'r un diwydiant wedi'u gweu drwy'n hiaith ni...

Yn yr oes o'r blaen, gellid dadlau mai cynhyrchu gwlân a **brethyn** oedd un o ddiwydiannau pwysicaf Cymru – mae'n sicr fod cynhyrchu brethyn yn un o grefftau hyna'r wlad. Wrth i ffasiwn yr oes newid, roedd rhaid i'r gwneuthurwyr brethyn newid hefyd – a gwelwch ddigon o dystiolaeth o'u parodrwydd i wneud hynny, os trowch chi at Eiriadur y Brifysgol. Mae dros ddeugain o wahanol fathau o frethyn yn cael eu rhestru yno. Wrth gwrs, mae'r rhan fwyaf wedi mynd yn angof bellach yn oes y denim a'r neilon, ond dyma ambell enghraifft i roi blas – '**brethyn caerog**', sef *tweed*; '**brethyn cedennog**', sef defnydd tebyg i'r *baize* ar fwrdd snwcer, a '**brethyn eddi**', sef math o garthen hefo'r edafedd wedi'u gadael fel 'ffrinj'.

Gyda'r holl frethynnau gwahanol yn cael eu cynhyrchu, does dim rhyfedd fod melinau gwlân wedi datblygu ar draws Cymru, ac roedd dros dri chant ohonynt ar waith ryw gan mlynedd yn ôl.

Oherwydd fod cymaint o felinau gwlân yng Nghymru, ar

ddechrau'r Rhyfel Mawr, pan oedd angen recriwtio a dilladu byddin newydd anferth, trafodwyd rhoi'r milwyr Cymreig mewn lifrai o frethyn llwyd yn lle *khaki*. Cytundebwyd 13 o felinau Cymreig i'w cynhyrchu, ond roedd gormod o amrywiaeth yn lliwiau'r brethyn ac o ganlyniad rhoddwyd y syniad heibio. Er nad oedd y syniad yn un llwyddiannus, mae'n dangos sut yr oedd brethyn yn cael ei weld ar y pryd fel rhywbeth allai hybu hunaniaeth y milwyr Cymreig.

Mae hynny'n eironig ar un ystyr, oherwydd mae'n debyg fod y gair 'brethyn' yn tarddu o'r Wyddeleg, o'r gair *brat*. Troes *brat* yn *brettyn* ac yna'n brethyn. 'Clogyn' neu 'fantell' oedd ystyr gwreiddiol y gair, ond cafodd ei fenthyg eto yn ddiweddarach, a'r tro hwn, daeth '**brat**' i olygu math o ffedog neu farclod.

Sut fyddai'r hen Gymry'n creu eu brethyn cartre' felly? Roedd angen '**gwŷdd**', sef ffrâm bren i ddal yr edafedd. Wedyn roedd gofyn '**ystofi'r**' gwŷdd, sef gosod yr edau sy'n rhedeg i fyny ac i lawr, ac yna gellid dechrau gwehyddu, drwy '**ddirwyn yr anwe**' yn ôl ac ymlaen, sef yr edau oedd yn mynd ar draws. Geiriau digon anghyfarwydd i'r rhan fwyaf ohonom yw 'ystof' ac 'anwe' erbyn heddiw, ond mae'n nhw'n fyw o hyd mewn ambell ymadrodd yn yr iaith lafar. Yng Ngheredigion er enghraifft, wrth drafod rhywun sydd â chryn feddwl o'i hunan, dywedir weithiau:

> '*Cafodd ei stofi'n ŵr bonheddig, ond doedd dim digon o wlân i bennu'r gwaith.*'

Dyna ffordd hyfryd o ddisgrifio rhywun sy'n meddwl ei fod yn well nac ydyw mewn gwirionedd. Wrth ddirwyn edau'r anwe nôl a 'mlaen rhwng edau'r ystof, defnyddir teclyn pren o'r enw '**gwennol**'. Mewn dwylo medrus, mae'n hedfan nôl a mlaen fel yr aderyn o'r un enw. Yn y Beibl wrth ddisgrifio byrhoedledd bywyd, mae Llyfr Job yn dweud '*Fy nyddiau sydd gynt na gwennol gwehydd*.' Yng Ngheredigion eto, wrth ddisgrifio rhywbeth cyflym iawn, dywedant weithiau fod rhywun yn '**mynd fel yr ede**', sef edau'r wennol yn mynd nôl a 'mlaen mewn ffatri wlân.

Ar ôl i'r gwehydd orffen ei waith, tro'r **pannwr** oedd hi wedyn. Roedd côt yr hen ewyrth Dafydd yn y gân werin yn '*llwyd pan gas ei phannu*', ac roedd y 'pannu' yma'n rhan bwysig o orffen y brethyn cyn ei werthu. Byddai'r brethyn yn cael ei guro drosodd a throsodd i'w feddalu, ac yn aml iawn byddai hyn yn cael ei wneud yn fecanyddol, mewn **pandy**, math o felin ddŵr fel arfer.

Mae dros gant o lefydd ar draws Cymru hyd heddiw hefo'r enw 'pandy', er enghraifft pentref Pandy Tudur rhyw fymryn uwchben Dyffryn Conwy, neu Barc Pandy, sef cartref tîm rygbi Cross Keys. Mae gan y llefydd yma i gyd rywbeth yn gyffredin, sef eu bod erstalwm yn fannau lle roedd brethyn yn cael ei drin a'i orffen.

Ystyr 'pannu' yw curo, neu greu pant; ym Morgannwg mae wedi dod yn ffordd arall o ddweud 'bwrw': '*Bydd rhaid pannu mlân os ŷn ni'n mynd i gwpla 'eddi.*' Yng Ngheredigion pan fo pobl yn dweud '*Bydd rhaid pannu arni, bois!*' golyga fod rhaid gweithio'n galed, mor galed â phandy a'r morthwylion mewn rhes yn pannu'r brethyn. Ond pe na bai'r broses yn cael ei gorffen ni fyddai'r brethyn wedyn ond yn '**hanner pan**', heb ei orffen yn iawn, a daeth hyn yn ymadrodd cyffredinol am rywun gwirion, ddim yn ei lawn bwyll.

Mae 'na sawl esiampl o sut mae'r gair '**brethyn**' ei hun wedi llithro mewn i'n hiaith lafar hefyd. Os ydi rhwyun '**o'r un**

brethyn' neu'n '**llathen o'r un brethyn**', mae'n nhw wedi dod o'r un rholyn, ac yn amlach na pheidio mae 'na rhyw dinc beirniadol yn perthyn i'r ymadrodd. Os ydym bron a thorri bol eisiau mynd i'r tŷ bach, dywedwn weithiau: '*Rhaid i mi fynd – mae'i **thrwyn hi ar y brethyn**!'*

Ac yn olaf beth am yr ymadrodd '**brethyn cartre**'? Yn llythrennol mae'n golygu brethyn wedi'i gynhyrchu ar yr aelwyd, ond mae '**noson frethyn cartre**' yn golygu cyfle i'r talentau lleol hawlio sylw a dangos eu doniau. A phwy a wŷr, mae'n ddigon posib mewn noson o'r fath y gwelech chi barti gwerin yn canu am hanes hen 'batriarch Felindre', ac un o'n hen ddiwydiannau pwysicaf:

'Brethyn gwlân y defaid mân,
Dyna fel y gwisgai'r oes o'r blân.'

6. BUSNES

Llun: Robin Busnes, un o hen gymeriadau Llanrwst, mewn llun gan John Thomas Lerpwl. Dewch i fusnesu yn hanes y gair a dylanwad byd busnes ar ein geirfa...

Mae byd busnes yn gallu bod yn galed weithiau. Gofynnodd argraffwr i mi ryw dro,

'Ti'n gwbod sut mae gwneud ffortiwn fach wrth gyhoeddi llyfra?'

'*Nagdw*,' medda fi.

'*Dechra efo ffortiwn fawr!*' meddai yntau, gan wenu'n drist.

Mae'r gair **'busnes'** yn ymddangos gynta' yn y Gymraeg mewn llawysgrif o'r 16eg ganrif:

'*Erioed ni bu y fath fusnes.*'

Benthyciad ydi o'r gair Saesneg '*business*'. Ystyr wreiddiol hynny yn Saesneg oedd bod yn 'brysur', bod wrthi'n ddiwyd, ac am fod hynny'n gallu golygu 'bod wrthi'n cwblhau rhyw waith neu'i gilydd', cysylltwyd y gair *business* yn benodol â byd masnach.

    Ond cadwyd rhywfaint o'r ystyr wreiddiol yn y Gymraeg – gall rhywun fod wrthi'n **'fusneslyd'** i gyd, yn **'busnesa'** yn yr hyn mae rhywun arall yn ei wneud:

'*Mae ei drwyn o ym **musnes** pawb.*'

Weithiau byddai rhywun 'busneslyd' o'r fath yn cael ei alw'n:

'*Rêl **Robin Busnas**!*'

Neu, efallai'n cael ei rybuddio fel hyn:

'*Meindia dy **fusnas**!*'

Ymddengys yr ymadrodd hwnnw gynta' ym mhapur *Y Faner* mor bell yn ôl â'r flwyddyn 1857, ond prif ystyr 'busnes' bellach yw i ddisgrifio'r broses o fasnachu. Dyma enghraifft gynnar o'r gair yn cael ei ddefnyddio yn y cyswllt yna, o bapur *Seren Cymru* yn 1852:

'*... a ddoi dim travellers in tŷ ni, am fod mam yn un mor galed i neyd **busnes** a hi, medda nhw.*'

(Trafeilwyr – gwerthwyr teithiol oedd y *travellers* yn y cyswllt hwnnw, ac roedd fy nhaid innau am gyfnod yn drafeiliwr te.)

Er bod Cymru'n gallu hawlio mai hi oedd un o'r gwledydd diwydiannol cynta', mae amaethyddiaeth wedi dominyddu'r broses o brynu a gwerthu am gyfnod hirach o lawer yn ein hanes – a dyna pam fod tinc amaethyddol i sawl ymadrodd sy'n ymwneud â **busnes** yn y Gymraeg. Os ydi busnes yn mynd ar chwâl, dywedwn:

'*Ma'r **hwch wedi mynd trwy'r siop**.*'

Y ddelwedd yma efallai yw o hwch wedi dianc ar ddiwrnod marchnad ac yn creu anhrefn wrth i bobl geisio ei dal hi eto. Yng Ngheredigion, pan fo busnes yn methu, dywedir ei fod o '***wedi mynd i din y cwd**.*'

'Dan ni'n dweud weithiau mai '***yng ngenau'r sach mae**

cynilo blawd', hynny yw, waeth ichi heb â bod yn rhy hael ar y dechrau wrth rannu cynnwys sach, neu fydd gennych chi ddim ar ôl ar y diwedd, wrth ichi gyraedd **tin y cwd**. Felly pan fo busnes wedi mynd i 'din y cwd', dach chi'n crafu o gwmpas yng ngwaelod y sach.

Efallai fod rhai ohonoch yn byw mewn *cul de sac* ar stâd o dai. Ond er bod hwn yn ffordd eitha posh o ddisgrifio lôn nad oes modd mynd drwyddi i rywle arall, ystyr llythrennol *cul de sac* yn y Ffrangeg, yw tin y cwd! Hynny yw, pan gyrhaeddwch y pen pella' mewn *cul de sac,* 'dach chi wedi cyrraedd tin y cwd – fedrwch chi ddim mynd dim pellach. Dio'm yn swnio cweit mor posh rwan, nag'di?

Un o'r ffurfiau mwya' cyffredin ar fusnes yng Nghymru yw'r **siop**. Byddai un ymhob pentre' erstalwm ac mewn trefi byddai sawl siop: siop fara, siop fwtsiar, siop gemist, siop laeth. Mae un o'r enghreifftiau cyntaf o'r gair '**siop**' yng nghywydd enwog Iolo Goch i gartref Owain Glyndŵr yn Sycharth. Mae'n dweud fod y lle mor gyfoethog â:

'**Siopau** *glân glwys cynnwys cain,* **Siop** *lawndeg fel Siêp Llundain.*'

Roedd '**Siêp**' neu *Cheapside* Llundain yn lle enwog am ei siopau yn y cyfnod hwnnw.

Erbyn cyfnod y Chwyldro Diwydiannol byddai rhai cyflogwyr yn mynnu talu eu gweithwyr hefo *tokens* – pres unigryw y cwmni – a'r unig le lle gallech chi eu cyfnewid nhw oedd yn siop y cwmni. *Truck shops* oedd rhain yn cael eu galw yn Saesneg achos mai hen ystyr *truck* yn yr iaith fain ydi 'ffeirio' neu 'gyfnewid'. Mae'r gair '**trwco**' i'w glywed hyd heddiw yn y De Orllewin:

'**Trwca** *gylleth i fi, 'nei di?*'

Ond mewn siopau lle roedd modd talu â phres normal, byddai'r cwsmeriaid gorau erstalwm yn '**talu ar law**', hynny yw, talu ar y pryd a rhoi'r pres yn llaw'r siopwr. Byddai rhai siopwyr yn caniatáu i'w cwsmeriaid '**brynu ar goel**', sef rhoi credyd iddyn nhw am eu bod nhw'n 'coelio' y basai'r cwsmer yn dod nôl i setlo'i fil ar ddiwedd yr wythnos neu ar ddiwedd y mis. Ond, hefo'r system yma, pan oedd hi'n fain ar y cwsmer, roedd hi'n fain ar y siopwr hefyd. Ym Morgannwg, roedden nhw'n dweud hyn:

'*Dou dalu sydd ddrwg – talu mlân, a pido talu o gwbwl!*'

'**Talu mlân**' oedd y gair yn fanno am brynu ar goel. Yn Llŷn, roedden nhw'n cyfeirio at y trefniant yma fel:

'*Talu'r hen a dwyn y newydd.*'

Hynny yw, byddai rhywun yn mynd i'r siop i setlo'i fil am yr hyn oedd o wedi'i gael yn barod – 'talu'r hen' – ac yna prynu rhagor ar goel – 'dwyn y newydd!'

Tydi siopa ddim yn brofiad mor gymdogol erbyn heddiw yn oes yr archfarchnad, neu'r '**siop fasged**' fel byddai rhai'n eu galw nhw ym Môn erstalwm, yn ôl llyfr gwych Mary Wiliam, *Dawn Ymadrodd*.

Siop droli yw'r archfarchnad bellach, ond braf gweld fod rhai yn dal yn fodlon cystadlu yn eu herbyn, achos fel byddai'r hen bobl yn ei ddweud yng Ngheredigion erstalwm:

'*Mae llond dwrn o **fusnes** yn well na llond ca' o waith.*'

7. CAFFI

Llun: Caffi poblogaidd ar Faes yr Eisteddfod Genedlaethol.

Mae 'na gaffis i'w cael ym mhob tref yng Nghymru, a sawl pentref hefyd, ond o ble mae'r gair '**caffi**' yn dod? Drwy'r Saesneg y daeth y gair i'n hiaith ni, ond mae modd olrhain yr enw trwy chwech o wahanol ieithoedd, yr holl ffordd yn ôl i Yemen, yn y Dwyrain Canol!

Yemen oedd y lle cyntaf yn y byd lle cafodd coffi ei dyfu'n fasnachol, a'r enw Arabaidd amdano oedd *qahwah*. Daeth *qahwah* yn boblogaidd iawn mewn gwledydd Islamaidd o'r bymthegfed ganrif ymlaen. Yn Istanbul erbyn canol yr unfed ganrif ar bymtheg, roedd na chwe chant o lefydd yn gwerthu coffi, a phan aeth gŵr o Fenis yno, dyma'i adroddiad yn ôl i'w feistri yn yr Eidal:

'Mae'r Twrciaid yn yfed dŵr du, a hwnnw'n drwyth o'r ffeuen kahve'

Kahve oedd y gair Twrcaidd am *qahwah* yr Arabiaid, a'r Eidalwyr wedyn oedd y rhai cyntaf, mae'n debyg, i fewnforio'r ddiod newydd yma i Ewrop, a'i yfed. Yn yr iaith Eidaleg, trodd *kahve* yn *caffè*. Y Ffrancwyr oedd y nesaf wedyn i fenthyg y gair (gyda sillafiad mymryn yn wahanol), ond iddyn nhw roedd *café* yn gallu golygu lle i yfed coffi, yn ogystal â'r ddiod ei hun, a dyna ystyr *cafe* pan fenthycwyd y gair i'r Saesneg. Roedd y Saeson yn dweud *caff-ee* yn hytrach na *caff-eh*, a dyna'r ynganiad sydd wedi cyrraedd y Gymraeg.

A dyna sut mae'r gair 'caffi' wedi dod i'n hiaith ni – drwy'r Saesneg, y Ffrangeg, yr Eidaleg a'r Dwrceg o'r Arabeg gwreiddiol. Does 'na ddim llawer o eiriau Cymraeg sydd wedi cael taith mor hir!

Erbyn heddiw mae'r 'caffi' yn lle i fwyta yn ogystal ag yfed coffi neu de. Mae un o'r cofnodion cyntaf o'r gair 'caffi' yn y Gymraeg mewn stori ym mhapur *Gwalia* yn 1902:

*'Mi fydd na ddigon o fois i standio dau ddwsin o de iddi hi, yn y **caffi** neu rwla arall.'*

Un ffactor ym mhoblogrwydd cyfoes y caffi oedd dyfodiad nifer o fewnfudwyr o'r Eidal i Gymru ar ddiwedd y bedwaredd ganrif ar bymtheg a dechrau'r ugeinfed. Un o'r rhai cyntaf oedd gŵr o'r enw Giaccomo Bracchi, ac agorodd ei deulu gymaint o gaffis yng nghymoedd y De, nes i bobl Morgannwg ddechrau gyfeirio at unrhyw gaffi Eidalaidd fel '**Bracchi**'.

Cyn i'r gair 'caffi' ennill ei blwyf yn y Gymraeg, '**tŷ coffi**' neu '**dafarn goffi**' oedd yr enw ar le o'r fath. Dyma adroddiad ym mhapur *Y Faner* yn sôn am agor 'tafarn goffi' newydd yn Aberhonddu yn 1879:

*'Y mae y **tafarnau coffi** yn dyfod yn bethau tra chyffredin yn ein gwlad y dyddiau hyn, a mawr obeithiwn y deuant cyn bo hir yn allu digon cryf i wrthweithio dylanwad y tafarnau cwrw a gwirod yn llwyr.'*

Wrth gwrs, dyma gyfnod pan oedd y mudiad dirwest yn ei anterth, a llawer yn gwgu ar unrhyw un oedd yn hel diod. Yn ardal Llangennech, byddai'r gweithwyr alcam yn gorfod torri syched oherwydd gwres y ffwrneisi yn y gwaith, ond rhag iddyn nhw bechu'r dirwestwyr, 'tê' oedden nhw'n galw cwrw, a 'coffi' oedd porter.

O ble mae'r gair **'coffi'** wedi dod felly? Wel, o'r un gair a 'caffi' yn y pen draw – 'dan ni'n gwybod yn barod sut newidiodd y gair Arabeg *qahwah* yn *kahve* y Tyrciaid. Roedd yr Iseldirwyr yn dynn ar sodlau'r Eidalwyr pan ddaeth hi'n fater o fewnforio'r ddiod newydd i Ewrop yn yr unfed ganrif ar bymtheg, ond roedd yn haws ganddyn nhw ddweud *'koffie'* yn hytrach na *'caffè'*, a dilyn yr Iseldirwyr wnaeth y Saeson, a ninnau'r un fath yn eu sgîl.

Mae'r enghraifft gyntaf o'r gair 'coffi' yn y Gymraeg yn digwydd yn llinellau cyntaf englyn gan yr Esgob Richard Davies, tua diwedd yr unfed ganrif ar bymtheg:

Rhowch odart a chwart i chwi
*A chap a chwppan o **goffi***

Mae sawl gair anghyfarwydd yno – llestr pridd oedd **'godart'** – ond mae'n ddigon hawdd deall y geiriau 'cwpan o goffi'. Mae'n rhyfedd meddwl nad oes unrhyw sôn am y gair **'te'** yn y Gymraeg tan ryw ganrif a hanner yn ddiweddarach. Morrisiaid Môn oedd ymhlith y cyntaf i gyfeirio at de, a hynny yn 1753, ac mae'n amlwg fod y peth yn dal yn dipyn o newyddbeth iddyn nhwthau:

*'Dyna i chi rai o'r dail sychion yn sampl. Mi fyddaf i yn yfed **'tea'** ohonynt bob yn awr, nid drwg iawn mo'i flas.'*

Wrth i de ddod yn rhatach yn y blynyddoedd wedyn, buan y daeth yn ddiod hynod boblogaidd ymhlith gwerin Cymru. Os yw te wedi hawlio'i le fel prif ddiod y Cymry ers sawl cenhedlaeth bellach, mae coffi'n prysur ennill ei le yn ôl. Mae cwmnïau rhostio coffi'n codi ar draws Cymru o Groeslon i Landybïe, a chaffis newydd yn agor drwy'r amser.

'*Rydw i'n hoffi coffi*' – dyma un o'r ymadroddion yna sy'n tueddu i sticio ym meddwl pob dysgwr o Gymro, waeth pa mor brin ei Gymraeg ydi o, ac ar ôl iddo gael ei ddweud gan 'Uncle Bryn' ar y gyfres deledu *Gavin and Stacey*, mae'n siwr fod y geiriau yna wedi dod yn gyfarwydd ar draws gwledydd Prydain i gyd. Mae '*Hoffi Coffi*' yn enw bellach ar sawl caffi – yn Abertawe, Caerdydd, Trefforest, a Wrecsam.

Er mor braf ydi gweld caffis newydd fel hyn yn arddel y Gymraeg, os ydych chi'n ffan o Tony ac Aloma fel minnau, cofiwch am gaffis henffasiwn cefn gwlad hefyd:

'*Pat, a Janet, ac Elsie, a Glen*
Galwch i'w gweld nhw yng nghaffi Gaerwen...'

8. Dishgled

Llun: Y llestri gorau fydd ar y bwrdd pan fo dyn yn ceisio gwneud argraff!

'*Chi moyn* **dishgled**?'

Dyna o bosib y peth cynta' glywch chi wrth gael eich croesawu mewn unrhyw gartref yn y De – ond beth yw'r cysylltiad rhwng 'dishgled' a'r gemau Olympaidd? Dwi'n siwr fod ambell weinidog yn gorfod yfed te ar raddfa Olympaidd wrth fynd o dŷ i dŷ o gwmpas ei braidd, ond mae 'na gysylltiad rhwng y gair 'dishgled' a'r gamp Olympaidd o daflu'r *discus*. Dyma'r hanes...

Gair Groeg oedd *diskos*, a gallai olygu plât yn ogystal â'r peth crwn oedd yn cael ei daflu gan eu hathletwyr nhw. Pan fenthyciodd y Rhufeiniaid y gair *diskos*, mi gadwon nhwythau'r ddwy ystyr yna, ac yn Lladin datblygodd ffurf arall *disculus*, sef plât neu lestr bach. O *disculus* mae'n gair ni, '**dysgl**' wedi dod, neu '**ddesgil**' fel bydd rhai yn ei ddweud, a phan fo ganddoch chi lond dysgl o rywbeth, mae'n '**ddishgled**'.

Yn ôl Geiriadur y Brifysgol, diffinnir dysgl fel:

Llestr crwn neu hirgrwn, gwastad ei waelod (ond heb fod mor ddwfn â phowlen) a ddefnyddir i ddal bwyd.

Felly pryd wnaeth Cymry'r De ddechrau cysylltu'r gair

'dishgled' ag yfed te yn benodol? William Williams, Pantycelyn oedd un o'r rhai cyntaf i gysylltu'r gair 'dishgled' hefo diod yn y 1760au – sy'n reit addas oherwydd yn ogystal â sgwennu emynau ac efengylu, roedd o hefyd yn gwerthu te. Cyfeiriodd Pantycelyn at *'ddisgleidiau llawnion o laeth a siwgr.'*

Mewn rhai ardaloedd yn Sir Benfro a Sir Gaerfyrddin, **'dished'** yw'r gair:

*'Gewn ni **ddished** o de, ife?'*

Ond yn y Gogledd, **'panad'** neu **'paned'** yw'r gair, talfyriad o'r gair 'cwpanaid'. Mae'r gair hwnnw'n ymddangos gynta' yn y Gymraeg tua'r flwyddyn 1400, yng ngwaith Meddygon Myddfai lle maen nhw'n trafod faint o ffisig a ddylid ei roi i'r claf:

*'a phob bore yfed o'r claf **gwpanaid**...'*

Erbyn hyn mae 'panad' yn cael ei gysylltu'n benodol ac yfed te, ac mae'r gair hyd yn oed yn cael ei dderbyn yn Saesneg y gogledd:

*'Anyone want a **panad**?'*

Mae'r bardd a'r rapiwr Aneirin Karadog yn dod o'r de, ond mae wedi gweithio llawer hefo Ed Holden o'r gogledd, a dyna mae'n debyg ysbrydolodd y gân 'Paneidiwch' gan eu grŵp, Y Diwygiad:

'Dishgled neu baned, dewch ymlân a neidiwch, pawb ar y blaned, come on! Paneidiwch!'

Mae'r gair **'paneidio'**, neu **'paneidia'** fel mae rhai yn ddweud, wedi bod o gwmpas ers rhyw dri deg mlynedd. Y nofelydd Jane Edwards oedd y cyntaf i'w ddefnyddio nôl yn 1987, yn ôl *Geiriadur y Brifysgol*:

*'Rhai felly yw postmyn gwlad yn ôl y sôn, yn **paneidia** a gwagswmera.'*

Ond Aneirin Karadog sy'n gallu hawlio'r glod am fod y cyntaf i ddefnyddio'r gair mewn cân. Mae hefyd yn ein cyflwyno ni i'r geiriau *'prelactarian'* a *'postlactarian'* – hynny yw, oes well gynnoch chi roi'r llefrith (neu'r llaeth) yn eich cwpan, cyn, neu ar ôl, y te?

Mae 'na bob math o eiriau yn perthyn i sut y dylid mynd ati i wneud dishgled neu banad berffaith. Gadael i'r te ffrwytho mewn tebot gynta' yw'r ffordd draddodiadol, ac wedyn yn y gogledd '**tywallt** y te'. Yn sir Benfro, '**allwysh** y te' fyddan nhw, yng nghanol Ceredigion, '**diwel** y te', ac mewn rhai rhannau o sir Forgannwg, '**llwysid** y te' o'r tebot.

Ond, i'r trempyn oedd yn gorfod cario'i holl eiddo hefo fo, moethusrwydd di-angen oedd tebot a byddai'n gwneud ei de yn ei gwpan. Ac ers dyfodiad bagiau te, '**te tramp**' yw'r norm ar lawer aelwyd, neu '**te padi**' fel bydd rhai yn ddweud, sy'n deillio o hen ragfarn mai felly oedd Gwyddelod yn gwneud eu te.

'Dwi'n brin o goffi ffilter, dwi'm yn yfad Earl Grey, a dyna sut dwi'n gwbod sut ti'n licio dy de,' ganodd y band Anweledig, ac mae gan pawb eu ffordd arbennig o wneud eu te. Nid pawb sy'n hoff o lefrith yn ei banad, a '**te coch**' yw'r gair am hynny. Mae rhai wedyn yn licio'u dishgled neu banad yn gryf, ac os nad yw'n ddigon cry' ganddyn nhw, mi glywch chi gwynion fel hyn:

*'Mae'r te ma fel **dŵr pwll**!'*

*'**Te nyrs** 'di hwn!'*

*'Ma'r te ma 'di **gweld plismon**!'*

Hynny yw, mae'r sioc o weld plismon wedi troi'r te'n welw!

'*Te dwybig ydi hwn, braidd.*'

Mae hyn yn cyfeirio at yr arfer o weini te hefo potied o ddŵr berwedig i ychwanegu at y tebot. Byddai gormod o ddŵr poeth o big yr ail bot yn gwneud y banad yn un wan.

Os nad ydi rhywun yn licio'i de yn rhy gryf, cwynion fel hyn glywch chi wedyn:

'*Mae'r te 'ma fel* **troed stôl!**'

'*Mae'r te 'ma'n gryf fel* **trwyth parddu.**'

Hynny yw, mae mor dywyll fel petai huddygl wedi bod yn socian ynddo fo!

Gair arall am de cry' ydi '**te breci**' – 'breci' yw'r trwyth melys trwchus sydd ar ddechrau'r broses o fragu cwrw.

Wel, sut bynnag dach chi'n licio'ch te, boed hi'n banad wan neu ddishgled o de cry', sdim dwywaith ein bod ni'n yfed digon ohono fo yma yng Nghymru. Yn ôl arolwg gan gwmni Tetley, pobl Wrecsam sy'n yfed te yn fwyaf aml drwy Brydain i gyd! Dwnim faint yn union maen nhw'n yfed yn Wrecsam, ond mae'r Cymry ar gyfartaledd yn yfed 876 paned y flwyddyn – mae hynna'n ddigon i lenwi dau lond bath!

Mae'r holl sôn am de wedi codi awydd dishgled arna'i. Mae'r teciall newydd ferwi, neu'r tegell, neu'r '**tegelter**' fel maen nhw'n ddweud ochra' Pontarddulais, felly panad amdani, neu ddishgled yn hytrach, i ni gael gorffen yn dwt lle ddechreuon ni.

9. Tjocled

*Llun: Tjocled cynnes yn toddi.
Er bod tjocled yn gyfarwydd i'r
Cymry ers cenedlaethau
bellach, mae 'na ansicrwydd o
hyd ynglŷn â sut i'w sillafu...*

'**Tjocled?**' meddai rhai yn
ddilornus wrth ddarllen y gair
dan drafodaeth, 'Tjocled?!
Onid 'siocled' yw'r gair?'

Wel, yn y bennod yma
'dan ni am edrych ar rai o'r
seiniau, fel 'tj', sydd wedi
achosi problem i'r Cymry dros y canrifoedd – ac os ddarllenwch
chi'n gydwybodol tan y diwedd, mi fyddwch chi'n haeddu rhyw
damaid o jocled erbyn hynny!

Mi gychwynnwn ni drwy edrych ar rai o'r seiniau eraill sy'n
gallu peri problem i siaradwyr yr iaith. Dyma limerig o un o
gystadlaethau'r Talwrn:

*'Dwi'n methu dweud 'th' – mae hi'n warth,
Mae'r peth yn ymylu ar ffarth
Ac mae'r Thaith yn rhif thaith
Wedi dweud lawer gwaith
Mod i angen 'good kick up the arth''*

Cyfansoddi limerig yn cynnwys y gair 'arth' oedd y dasg hon ar
y Talwrn ryw flwyddyn neu ddwy yn ôl, ond wrth stumio'r
testun, tynnodd Geraint Løvgreen ein sylw at anallu rhai pobl

44

i ynganu'r sain 's'. Nid hon yw'r unig lythyren sy'n peri problem i bobl – mae llawer yn cael trafferth efo 'r', ac mewn iaith lle 'dan ni i fod i rowlio'r 'r', mae hynny'n gallu bod yn broblem i rai fel y cymeriad Wali Tomos o C'mon Midffild. Neu 'bfoblem' fel byddai yntau'n ddweud! 'Rgh'io fydd eraill yn eu hymdrech i greu'r sain; druan ohonyn nhw felly os 'dyn nhw'n digwydd byw yn Erghyrghi neu Aberghaerghon.

Yn ardal Caernarfon, mae 'na nifer sy'n cael anhawster i wahaniaethu rhwng sain 'll' a 'ch', ac felly mae **'llefrith'** yn troi'n **'chefrith'** a **'hyll'** yn troi'n **'hych'**. Mae na lawer hefyd, yn enwedig yn y Gogledd, yn methu dweud 'z', felly mae'r gair *zoo* wedi troi'n **'sŵ'** wrth gael ei fenthyg i'r Gymraeg, ac wrth siarad Saesneg weithiau mae *black eyes* yn troi'n *black ice*.

Erstalwm mae'n ymddangos nad oedd neb yng Nghymru yn gallu dweud 'tj', felly cafodd y gair Saesneg *chance* ei fenthyg fel **'siawns'**, *challenge* fel **'sialens'**, a *chalk* fel **'sialc'**. Mae'r tri gair yna wedi'u derbyn i'n hiaith ers 400 mlynedd a mwy, mae'n debyg, ond mae'n eironig fod y 'tj' wedi cael ei droi'n 'sh'; achos mewn cyfnod cynt, mae'n debyg nad oedd y sŵn 'sh' yn gyfarwydd iawn i'r Cymry chwaith.

Tua diwedd y 1540au, lluniodd William Salesbury eiriadur i helpu cyflwyno'r iaith fain i'w gyd-Gymry, gan gynnwys adran ar sut i ynganu seiniau'r Saesneg. Mae'r ffaith ei fod o wedi teimlo'r angen i esbonio sut i wneud y sain 'sh' (neu 'llais' 'sh' chwedl yntau) yn awgrymu fod honno dal yn sain anghyfarwydd i rai siaradwyr Cymraeg. Dyma oedd ganddo i'w ddweud:

'Ssio fel neidr gyffrous a wna … ac o(s) myni chwaneg o hysbysrwydd ynghylch ei llais, gwrando ar bysgod cregin yn dechrau berwi.'

Mae'n ddisgrifiad da, achos mae'r rheini'n hisian wrth gwrs wrth i'r aer dianc ohonynt. 'Dan ni'n gweld y broblem oedd gan yr hen Gymry hefo'r sain 'sh' wrth edrych ar hanes y gair **'siom'**. Mae wedi'i fenthyg o'r gair Saesneg *shame*, ond roedd rhai Cymry'n methu dweud y 'sh', felly mae 'na ffurf arall **'som'** ar gael hefyd. Er enghraifft, yn Mabinogi Branwen mae 'na gyfeiriad at y 'som' (nid y siom) a gafodd Matholwch pan ymosododd Efnisien ar ei geffylau.

Ond erbyn heddiw does gynnon ni ddim anhawster hefo'r sain 'sh' na'r sain 'tj' chwaith. **'Tjips'**, **'Tjeina'** a **'tjocled'** – 'dan ni'n gallu'u dweud nhw i gyd, dim problem. Mae'r sain 'tj' mor gartrefol yn y Gymraeg bellach, 'dan ni hyd yn oed yn ei dreiglo fo. Mae'r 'tj' yn troi'n 'j' mewn ymadroddion fel **'siop jips'**, **'mynd i Jeina'** neu **'bocs o jocleds'**.

'Siocled a gwin sy'n helpu fi ddod drosot ti
Siocled a gwin sy'n fy nghysuro i pan dwi d'angen di.'

Felly y canodd Sarah Louise yn ddiweddar, a gwelwn fod y gair *'chocolate'* Saesneg yn gallu cael ei droi'n **'siocled'** Cymraeg hefyd, ar yr un patrwm â benthyciadau fel 'sialc', 'sialens' a 'siawns', ond mae 'na sawl ffurf arall wedi bod hefyd. Nôl yn y 18fed ganrif, sgwennodd William Williams Pantycelyn am **'jacolet'**, a phan restrwyd aelodau Cymdeithas y Cymmrodorion yn Llundain yn 1762, nodwyd mai gwaith un ohonyn nhw, rhyw Edward Hughes, oedd **'Cocolatydd'**, sef rhywun oedd yn gwerthu diod siocled mae'n debyg.

Yn ystod y bedwaredd ganrif ar bymtheg, pan gyfeirid at *chocolate* yn y wasg Gymraeg, tueddid i ddefnyddio'r sillafiad Saesneg. Wnaeth y ffurf 'siocled' ddim ymddangos mewn print tan ychydig dros gan mlynedd yn ôl, ac ymddangosodd y gair 'tjocled' tua'r un pryd hefyd. Yn 1915 roedd Sergeant Major Fred Barter adre yng Nghaerdydd ar ôl ennill medal y V.C. ac roedd 'na dorf yno i'w groesawu yn ôl yr adroddiad hwn yn Y Cymro:

*'Rhyfedd y ffordd sydd gan rai o ddangos caredigrwydd. Taflwyd boxed o **chocled** ato gan gymryd darn o'i drwyn i ffwrdd. Gresyn i hyn ddigwydd ac yntau yn ddi-anaf er wynebu y gelynion!'*

Meddyliwch luchio bocsied o jocled – mae'n rhaid bod nhw'n bobl hael iawn tua Caerdydd, neu falle mai 'mond y rhai cnau oedd ar ôl! Fodd bynnag, mae'r cwestiwn yn aros – ai siocled ynteu tjocled sy'n iawn? Hyd y gwela'i, does na'm llawer o ots, cyn belled â bod chi'n eu byta nhw, yn lle eu lluchio nhw at bobl. Mwynhewch!

10. JAC

Llun: Samuel Hart, y gwneuthurwr cardiau chwarae o UDA oedd y cyntaf i ddefnyddio'r llythyren J ar gornel ei gardiau i ddynodi'r Jac, yn 1864.

Mae sawl ystyr i'r gair '**jac**' – gall fod yn enw ar y bêl fach sy'n cael ei ddefnyddio mewn gêm o fowls; gall fod yn enw ar y teclyn 'dan ni'n ei ddefnyddio i godi pwysau trwm, yn enwedig wrth newid olwyn car; gall hefyd fod yn enw ar fath o botel dun oedd glöwyr yn cario diod ynddi i'r gwaith. Ond beth sydd fwyaf rhyfedd efallai yw fod 'jac' yn dechrau gyda llythyren sydd, yn ôl traddodiad, ddim yn y wyddor Gymraeg!

Er nad ydi llythyren gyntaf y gair yn perthyn i'n wyddor, mae 'Jac' hefyd yn ffurf anwes ar yr enw 'John', ac yn enw sydd wedi bod yn hysbys i'r Cymry ers 600 mlynedd. Yn ei gywydd *'Trafferth Mewn Tafarn'*, disgrifiodd Dafydd ap Gwilym y tri Sais yn y dafarn lle oedd o'n aros, yn cael eu deffro, wrth iddo yntau geisio sleifio at wely ei gariad:

'Hicyn a Siencyn a Siac
Yn trafferth am eu triphac.'

O ran y gynghanedd, gallai fod wedi dweud 'Hicyn a Jenkin a Jac' yr un mor rwydd, ond mae'n rhaid fod y sŵn 'j' yn anghyfarwydd iddo, neu ei fod yn ymwrthod a defnyddio llythyren Saesneg.

'*Jousting*' yw'r gair Saesneg am y gamp o ymladd â gwaywffon ar gefn ceffyl mewn twrnamaint, a tua 1550 pan oedd y milwr Elis Gruffydd yn llunio'i gampwaith am hanes Cymru, roedd yn awyddus i gynnwys y gair. Roedd y sain 'j' yn amlwg yn gyfarwydd iddo – wedi'r cyfan, roedd wedi byw am flynyddoedd lawer yn Lloegr a Ffrainc – ond wyddai o ddim sut i 'sgwennu 'j' yn Gymraeg, felly beth wnaeth o ond defnyddio'r sillafiad '**dgiwstyng**' hefo 'd' a 'g' ar y dechrau fel y byddai Saeson yn 'sgwennu geiriau fel *badge* neu *edge*.

Ni oroesodd y sillafiad Cymreigaidd yma o'r sŵn 'j', gan fod *Geiriadur y Brifysgol* yn nodi enghreifftiau o 'j' ysgrifenedig mewn testunau Cymraeg mor bell yn ôl â dechrau'r ddeunawfed ganrif, mewn geiriau fel '**Jacobiniaid**', '**Jansenistiaid**' a '**Jesuitiaid**'. Roedd enghreifftiau hefyd o 'si' a 'j' yn cydfodoli – Siôn a John, Siâms a James, Siencyn a Jenkin – ac hyd heddiw, mae'n well gan nifer o bobl ysgrifennu 'si' na 'j' mewn geiriau fel '**prosiect**' a '**Siapan**'.

Mae'r ansicrwydd am dderbyn y llythyren 'j' yn gyflawn aelod o'r wyddor Gymraeg yn parhau. Geiriau benthyg sy'n cynnwys y llythyren gan amlaf, ac fel 'jac' daw'r rhan fwyaf o'r Saesneg – '**jam**', '**jôc**', '**jwg**' – ond daw ambell un o'r Wyddeleg, er enghraifft y gair '**joch**'.

Gair eithaf tafodieithol yng ngogledd Cymru ydi 'joch', yn golygu 'diferyn' neu 'gegaid o ddiod'. Tydi o ddim yn air llenyddol ar y cyfan, er bod T.H.Parry-Williams wedi ei ddefnyddio yn un o'i gerddi:

'*Ni chefais win cyforiog unrhyw ddawn,*
*Dim ond rhyw **joch** o gwpan hanner llawn.*'

Mae'r gair wedi dod o'r Wyddeleg *deoch*, sy'n golygu diod. Mae'n debyg iddo gael ei fenthyg rhyw ddau gan mlynedd yn ôl pan oedd cannoedd o Wyddelod yn labro ar brosiectau fel Cob Porthmadog, Morglawdd Caergybi, a Lôn Telford, a dyna pam mae wedi aros yn air eithaf gogleddol yn y Gymraeg.

Yn y Wyddeleg, mae 'joch' yn cael ei sillafu yn *deoch*, a caiff 'de' ei seinio fel 'j'. Mae 'na rhywbeth tebyg yn digwydd yn y Gymraeg, yn enwedig yn y Gorllewin, lle mae 'di' yn troi'n 'j' ar lafar. Un esiampl yw 'diawl' yn newid yn **'jiawl'**, yn ogystal â'r ebychiad 'duw duw' yn mynd yn **'jiw jiw'**. Yn ogystal â'i ystyron mwy cyffredinol o 'saff', 'sicr' neu 'ddibynadwy', defnyddir **'jogel'** yn y De i olygu rhywbeth sylweddol, er enghraifft *'Mae'n bishyn **jogel** o ffordd i'r pentre'* sef ei fod yn eithaf pellter. Yng Ngheredigion, os am ddweud fod rhywun yn dipyn o lanc, gellid dweud:

*'O, ma fe'n fachan **jogel**!'*

Ond gadewch i ni droi'n sylw'n ôl at y gair 'jac'. Mae 'na sawl pryf ac anifail yn cynnwys y gair 'jac' – **'jac y jwmper'**, **'jac y rhaca'**, a'r **'jac do'**, wrth gwrs. Defnyddir y gair 'Jac' hefyd yn llysenw ar rywun o Abertawe. Fel gyda Cofis Caernarfon neu Tyrcs Llanelli, mae'n anodd gwybod beth yw tarddiad y llysenw hwn. Roedd **'Jacktars'** yn llysenw cyffredin ar forwyr am eu bod yn defnyddio tar i helpu'u cotiau i ddal dŵr. Roedd Abertawe yn sicr yn dref hefo tipyn o draddodiad morwrol – ai dyma oedd tarddiad 'jacs Abertawe' tybed?

O ble bynnag y daeth y gair, mae yna sawl cymeriad brith o'r enw *Swansea Jack* mewn hen bapurau newydd. Yn 1847: *'Arestiwyd John Griffiths, neu **Swansea Jack** am y lofruddiaeth ddiweddar yn Whitmore Lane, Caerdydd.'* Ac yn 1861:

*'Ymddangosodd John Rees neu **Swansea Jack** o flaen y llys am ddwyn twls saer maen yng Nglyn Ebwy.*

Ond roedd 'na anwyldeb yn perthyn i'r enw hefyd. Roedd ceffyl trotian llwyddiannus yn yr 1880au o'r enw *Swansea Jack*, a chi enwog o'r un enw a wnaeth achub sawl un rhag boddi yn nociau Abertawe yn y 1930au.

Beth bynnag yw tarddiad 'jacs Abertawe', mae'r enw yn sicr wedi cydio, fel y gair 'jac' yn gyffredinol, a'r llythyren 'j', petai'n dod i hynny. Beth am orffen felly, gyda bathiad poblogaidd diweddar?

Roedd y diweddar Joseph Cyril Bamford yn berchen ar fusnes llwyddiannus iawn yn llogi peiriannau trwm ar gyfer gwneud gwaith cloddio ar safleoedd adeiladu. Roedd pob peiriant yn cario priflythrennau'i enw, J.C.Bamford, ar ei ochr, a sylweddolodd rhyw Gymro anhysbys y gallai 'JCB' hefyd olygu '**Jac Codi Baw**', ac felly daeth disgrifiad perffaith o'r peiriant hwn i'r Gymraeg, un o'r ychydig fathiadau diweddar sydd wedi cydio go iawn yn ein hiaith gyfoes ni.

11. PEIRIANT

Llun: Peiriant malu coffi yn siop Gwalia, Amgueddfa Werin Cymru, Sain Ffagan. Un enghraifft yn unig o'r peiriannau lu sydd wedi bod yn rhan o'n bywydau ni dros y blynyddoedd...

Tueddwn i feddwl am **beiriant** fel gair cyfoes. Efallai fod gennych chi **beiriant golchi** yn y tŷ, **peiriant torri gwair** yn y garej a, than yn ddiweddar efallai, y buasai gennych chi **beiriant ateb** ar y ffôn a **pheiriant fideo** dan y teledu. Mae peiriannau ym mhobman y dyddiau hyn, ond mae'r gair 'peiriant' yn dyddio nôl mil a hanner o flynyddoedd i gyfnod pan oedd 'peiriannau' fel 'dan ni'n eu 'nabod nhw yn bethau prin ofnadwy.

Yn y Gododdin, un o gerddi hyna'r Gymraeg o'r seithfed ganrif, mae'r bardd Aneirin yn disgrifio'r *'gwŷr a aeth Gatraeth'*, sef y milwyr a aeth i ymosod ar Gatraeth (neu Catterick yn Swydd Efrog). Mewn llinell arall, mae'n dweud fod *'trichant drwy beiriant yn catäu'*, hynny yw, roedd tri chant o filwyr yn 'catäu', neu'n ymladd, ond eu bod nhw'n gwneud hynny drwy 'beiriant'. 'Dan orchymyn' yw ystyr 'peiriant' yno, a dyna yw ystyr gwreiddiol y gair.

Daliwn i ddefnyddio'r gair **'peri'** heddiw. Os ydy rhywbeth yn 'peri llawenydd' i ni, mae'n achosi llawenydd, ac os ydyn ni'n 'peri i rywbeth ddigwydd', 'dan ni'n gwneud iddo ddigwydd.

Hawdd gweld felly sut y daeth y gair 'peiriant' i olygu *machine* neu 'injan', sef teclyn sy'n **peri** i bethau ddigwydd.

'**Peiriannydd**' oedd rhywun oedd yn mynd i galon peiriant i'w drin. Erbyn heddiw, gall naill ai fod yn rhywun sy'n edrych ar ôl peiriannau ac yn eu trwsio, fel *mechanic* yn Saesneg, neu fe all fod yn 'beiriannydd' yn yr ystyr *engineer*; un sydd wedi cymhwyso mewn **peirianneg** er mwyn cynllunio adeiladau, a chynnal nid yn unig peiriannau, ond hefyd ffyrdd, rheilffyrdd, pontydd ac yn y blaen.

Ond nid yw peiriannau o reidrwydd yn bethau mecanyddol; yn y ddeunawfed ganrif, cyfeiriwyd weithiau at organau, fel y galon a'r ysgyfaint, fel '**peiriannau**'r corff', a hynny am eu bod nhw'n gweithio'n effeithiol heb unrhyw gymorth.

Mae'r gair 'peiriant' hefyd yn cael ei ddefnyddio mewn ffordd fwy ffigurol. Mae caneuon gan Huw Jones a Steve Eaves wedi cyflwyno'r syniad o'r **peiriant pres** (disgrifiad lled ddilornus o'r system gyfalafol), ond 'dan ni wedi bod yn sôn am y peiriant pres, neu beiriannau pres, ers dros ddau gan mlynedd. Dyma'r bardd a'r dramodydd Twm o'r Nant:

*'Ar ôl fy chwantau, a'm cnawdol nwydau
Nes i'm Serchiadau, fyn'd fel **Peiriannau** Prês.'*

Yn fwy diweddar defnyddiodd bardd arall, Tudur Dylan, y gair 'peiriant' i ddisgrifio gallu Ryan Giggs i dwyllo'i wrthwynebwyr ar y cae peldroed:

*'Agor bwlch a ffugio'r bas,
yn **beiriant** creu embaras.'*

Caiff y gair hefyd ei ddefnyddio yn y Gogledd-Orllewin i ddisgrifio rhywun diflino neu rywun sy'n anghyffredin o ddiwyd:

*'Ma'r hen fachgen yn dipyn o **beiriant**, yntydi!'*

Mi orffennwn ni hefo'r peiriant sydd i'w ganfod dan fonet car, neu'r **injan** fel mae'n cael ei 'nabod gan amlaf. Mae 'peiriant' ac 'injan' yn ddau air sy'n gallu cyfnewid yn aml. Tra bod rhai yn sôn am bethau fel **'peiriant godro'**, **'peiriant gwnïo'**, **'peiriant golchi'**, bydd eraill y cyfeirio at yr un pethau fel **'injan odro'**, **'injan wnïo'**, **'injan olchi'**.

Cofiwch, mae hi'n bwysig gofalu am injan, neu beiriant, car. Pan na fydd yr injan yn rhedeg yn esmwyth, dywedwn ei fod o'n **jerian**, o'r Saesneg *'to jar'*. Weithiau bydd yr injan yn **'tanio ar dri'**, sef bod un o'r pedwar silindr yn methu, a defnyddir hynny weithiau i ddisgrifio rhywun sydd heb fod yn ei lawn hwyliau:

'Ges i noson hwyr neithiwr – dwi'n tanio ar dri braidd bore 'ma.'

Felly, cyn i'r bennod hon ddechrau tanio ar dri, neu droi'n wag, gwell diffodd y peiriant tra bo hwnnw'n dal i *'redeg yn swit'*, fel byddai fy hen dadcu yn ddweud!

12. GYRRU

Llun: Golygfa gyfarwydd i'r rhan fwyaf ohonom; annoeth fyddai 'gyrru' ar heol mor brysur â hon!

Be sy'n dod i'r meddwl gynta pan glywch chi'r gair **'gyrru'**? Os dach chi newydd drio'ch **prawf gyrru**, efallai mai rheoli car, hynny yw, ei ddreifio, sy'n dod i'r meddwl. Mae'r gair **'dreifio'** wedi cael ei ddefnyddio ers o leia canrif a hanner. Dyma ddyfyniad o stori a gyhoeddwyd ym mhapur *Y Faner* nôl yn 1867:

... ac wrth sbio drw'r ffenestr, mi welai garriage yn dreifio i fynny at ffrynt yr ysgol.

Bydd rhai yn defnyddio'r gair 'dreifio' i ddisgrifio'r broses gyffredinol o reoli car, tra bod 'gyrru' yn golygu 'gyrru'n wyllt'. Os oes 'na lais o'r sêt gefn yn dweud:

*'Ti'n **gyrru** braidd!'*

Mae rhywun yn gwybod wedyn ei bod hi'n amser arafu ychydig. Neu beth am y stori hon:

*'Dwi'm yn deud fod John yn **gyrru** – ond fo 'di'r unig un dwi'n nabod sy'n medru mynd trwy Dwnel Conwy heb golli signal Radio Cymru!'*

(Gan fod Twnel Conwy dros gilomedr o ran hyd, mae'n rhoi syniad i chi o ba mor sydyn 'sa raid i chi yrru!)

Mae **'coedio'** yn air arall am yrru car yn wyllt:

'Welist ti'r ffordd oedd hwnna'n coedio mynd drwy'r pentre?'

Un o ystyron 'coedio' yw pastynnu neu guro, a byddai coedio ceffyl erstalwm yn ffordd o'i yrru'n gynt. Ond fel y cawn weld, mae 'gyrru' yn un o'r geiriau cyfoethoca'n y Gymraeg o ran amrywiaeth ei ystyron.

Mae'r gair 'gyrru' yn dyddio nôl ymhell cyn oes y car a'r lorri. Ystyr wreiddiol **'gyr'** oedd hergwd neu hyrddiad ymlaen. **'Gyr o gardiau'** oedd yr hen air yn y ddeunawfed ganrif am hand o gardiau, a **'haearn gyr'** oedd haearn oedd wedi cael ei forthwylio mewn i ryw siâp neu'i gilydd. Yng nghanolbarth Ceredigion maen nhw'n dweud:

'Mae gyr ar y tân.'

Hynny yw, pan fo'r tân yn llosgi'n gyflym, mae fel 'sa gwynt yn ei hyrddio. Gallai 'gyr' gyfeirio hefyd at rywbeth oedd yn cael ei gymell yn ei flaen, er enghraifft **'gyr** o wartheg.' Yng ngweithiau glo Morgannwg, bydden nhw'n sôn am 'yr' o dramie:

'Rodd gyr y drams yn drwm ar y ceffyl.'

Gwaith anodd oedd gyrru gwartheg – neu dramie – ac mae nifer o'r ymadroddion sy'n cynnwys y gair 'gyrru' yn ceisio cyfleu'r ymdrech i wneud rhywbeth:

'Bydd rhaid i ni yrru arni, er mwyn i ni orffen y job mewn pryd.'

Hynny yw, bydd rhaid i ni weithio'n galed heb seibiant. Weithiau byddai'r meistr yn gyrru ar ei ddynion i'w cael nhw i orffen eu gwaith:

'*Mae'n un drwg am* **yrru** *ar ei weision.*'

Efallai y byddai o'n gwneud hynny drwy eu gwawdio. Mae **'gyrru ar'** rywun yn gallu golygu siarad yn feirniadol neu'n sarhaus amdanyn nhw:

'*Dwi di cal llond bol arna chdi'n* **gyrru arna'i** *o hyd!*'

Ac mae 'gyrru ar' rywun hefyd yn gallu golygu dwyn achos yn eu herbyn. Ond y dyddiau hyn 'dan ni'n fwy tebygol o glywed 'gyrru ar' yn cael ei ddefnyddio i ddisgrifio fod rhyw amser neu'i gilydd yn agosau:

'*Mae hi'n* **gyrru ar** *ddeng mlynedd er pan fuodd fy mam i farw.*'

'*Well i ni fynd gartre – mae hi'n* **gyrru ar** *hanner nos.*'

'*Dwi'm yn gwybod faint 'di'i oed o – ond mae o'n* **gyrru ar** *ei bedwar ugain, dwi'n siwr.*'

Os ydan ni'n sôn am **'yrru rhywun ar encil'**, eu **'gyrru ar ffo'**, neu eu **'gyrru ar herw'**, 'dan ni'n eu gyrru nhw allan at ymylon cymdeithas; fel arfer am eu bod nhw wedi troseddu mewn rhyw ffordd.

Yn olaf, gallwn ni **'yrru teimladau'** ar bobl eraill. Gallwn **'yrru drwg'** rhwng pobl. Yn y Beibl mae'n dweud:

'***Gyrasant eiddigedd*** *arno.*'

Hynny yw ei wneud o'n genfigennus. Gallwn hefyd **'yrru braw'** ar rhywun, neu **'yrru ofn'** arnyn nhw:
'*Mae pob stori arswyd yn* **gyrru iasau** *trwy fy esgyrn i.*'

Ac mae'n bosib y gallai profiadau brawychus o'r fath **'yrru rhywun i'r pen'**, ei **'yrru fo o'i go'** hyd yn oed!

Wel, dwi'm isio eich **'gyrru chi fyny'r wal'**, hefo'r holl sôn 'ma am wahanol fathau o yrru – wedi'r cyfan dwi'n licio meddwl mod i'n gallu **'gyrru mlaen'** yn iawn hefo pawb – felly cyn i mi gael fy ngyrru ymaith, mi dawa'i yn fanna. Os dach chi ishio clywed mwy, gyrrwch ata'i!

13. CHWITH

Llun: Cyfarwyddyd ar wyneb y lôn yng nghanol tref Aberystwyth. 'Mae'n well ar y chwith' meddai Iwan Llwyd yn un o'i gerddi – ond nid felly mae wedi bod bob tro, yn hanes y gair hwn.

Bydd un o bob deg sy'n darllen hwn yn berson llaw **chwith**. Mi fentra'i fod ambell ddefnydd o'r gair 'chwith', neu'r geiriau sy'n tarddu ohono, yn codi'ch gwrychyn chi weithiau.

'Am be ma' hwn yn mwydro rwan' meddai'r darllenwyr llaw dde, *'Codi gwrychyn pobl llaw chwith?! Sut felly?'*

Wel, gadewch i mi egluro...

Ar ei fwyaf syml, mae 'chwith' yn air digon niwtral, yn disgrifio un ochr pethau, yr ochr gyferbyniol i'r dde; ond mae'r gair **'chwithig'** yn enghraifft berffaith o sut 'dan ni'n defnyddio 'chwith' yn ddifeddwl i ddisgrifio pethau a phrofiadau negyddol. Pan fo rhywun yn dweud:

*'Roedd hi'n sefyllfa **chwithig** braidd'*

teimlo'n annifyr am y peth maen nhw. (Yn y de mae **'llet'with'** yn cael ei ddefnyddio yn yr un modd, ac wrth gwrs, o 'llet**chwith**' mae'r gair hwnnw'n dod.) Pan fyddwn ni'n cydymdeimlo â rhywun mewn profedigaeth, dywedwn yn aml:

*'Bydd hi'n **chwith** ar ei ôl o.'*

Hynny yw, bydd hi'n brofiad od, anghyfarwydd. A phan dywedwn ni:

*'Mae pethau'n dechrau mynd o **chwith** yma,'*

mynd yn anghywir maen nhw. Mae'n hawdd gweld sut y gwnaed y cysylltiad i gychwyn – gan fod y rhan fwyaf o bobl yn llaw dde, mae hi'n llai arferol i fod yn llaw chwith – ond tydi hynny ddim yn golygu eich bod chi'n 'od', yn 'drwsgl' neu'n 'amheus'; dim ond gwahanol. *Vive la différence* fel mae'r Ffrancwyr yn ei ddweud!

Cyn canmol gormod ar y Ffrancwyr, mae hwythau'n llawn cynddrwg a ninnau mewn gwirionedd, o ran cyfeirio'n negyddol at y chwith, ac yn ffafriol at y dde. Mae *droit*, sef y gair Ffrangeg am 'dde' hefyd yn golygu 'hawl gyfreithiol', tra bod *gauche* neu 'chwith' hefyd yn golygu rhywun di-dact, prin o sensitifrwydd cymdeithasol.

Mae hyn yn batrwm mewn nifer o ieithoedd yn anffodus. *Dexter* oedd y gair Lladin am 'dde', ac mae hynny wedi rhoi'r gair Saesneg *dexterous*, sef bod yn fedrus gyda dy ddwylo. Yn yr un modd, mae'n gair ni 'de' wedi rhoi 'deheuig'. Ond beth yw'r gair Lladin am chwith? Wel, *'sinister'* cofiwch, a phrin fod angen esbonio pa mor negyddol yw'r gair hwnnw yn yr iaith fain.

Os ydi rhywun yn dweud:

"Mae'r siwmper 'na tu chwith allan gen ti!"

yna'r ochr anghywir sy'n dangos. Ym Maldwyn a Meirionydd mae 'chwith' wedi rhoi'r gair 'chwitho' ar lafar:

'*Mi **chwithes** i drwydda'i pan glywes i'r newydd.*'

'*Mi ddaru chi'n **chwitho**'i rwan.*'

Hynny yw, aflonyddu, dychryn, neu styrbio.

Ym myd gwleidyddiaeth, fodd bynnag, mae'r defnydd o 'chwith' a 'dde' yn tarddu o rywbeth hollol wahanol. Yn y cyd-destun yma, mae'r gair 'chwith' yn disgrifio gwleidyddion hefo daliadau mwy sosialaidd, tra bod y 'dde' yn cael ei gysylltu â pholisïau mwy ceidwadol.

Y rheswm am hyn ydi mai dyna'r drefn arferol yn senedd-dai'r Cyfandir, gyda'r pleidiau mwy sosialaidd yn eistedd ar ochr chwith y llefarydd, a'r rhai mwy ceidwadol ar y dde.

Yma yng Nghymru yn y Cynulliad, mae Plaid Cymru yn eistedd ar y chwith i Elin Jones, y llywydd, mae Llafur ar y chwith ac yn y canol, a'r Ceidwadwyr ac UKIP i'r dde.

Ond yn San Steffan, er bod y termau 'adain chwith' ac 'adain dde' yn cael eu harddel yn yr un modd, y blaid sy'n llywodraethu sy'n eistedd ar ddeheulaw'r Llefarydd, waeth beth yw eu lliw gwleidyddol, a'r wrth-blaid sy'n eistedd ar y chwith!

I gloi, cawn olwg ar rai o'r geiriau eraill sy'n golygu 'chwith', ac ar gysylltiad annisgwyl un ohonyn nhw hefo'r cwmpawd. '**Aswy**', yn hytrach na 'chwith', yw'r gair sy'n cael ei ddefnyddio ym Meibl William Morgan; er enghraifft yn y disgrifiad hwn o farwolaeth Iesu Grist:

'*A hwy a groesholiasant gydag ef ddau leidr: un ar y llaw ddeau, ac un ar yr **aswy** iddo.*'

Ond mae 'na hen air Cymraeg arall o'r Canoloesoedd sydd hefyd yn golygu chwith, sef '**cledd**'. '*Cleth*' yw'r gair am 'chwith' yn y Gernyweg, a '*chlé*' yw'r gair yn y Wyddeleg. Mae'r gair wedi goroesi i'r cyfnod diweddar yn y Gymraeg hefyd – fel rhan o'r gair 'gogledd'.

Felly os ydi'r chwith yn gysylltiedig â'r gogledd, a'r dde yn gysylltiedig â'r de, mae hynny ond yn gwneud synnwyr os ydi dyn yn edrych tua'r dwyrain. Mewn mapiau modern, wrth gwrs, mae'r gogledd yn cael ei ddangos ar y top, ac felly'r gorllewin sydd ar y chwith a'r dwyrain ar y dde. Yn y Canoloesoedd, fodd bynnag, yr arfer oedd dangos y dwyrain ar y top, felly roedd yn gwneud synnwyr wedyn i gyfeirio at 'ogledd' a 'de' fel y cyfeiriadau sydd i'r chwith (neu cledd) ac i'r dde o'r dwyrain.

Yn y cyfnod Cristnogol, y dwyrain oedd cyfeiriad Bethlehem a Jeriwsalem, lle ganwyd a lle bu farw Iesu Grist; ond mae'n bosib fod y geiriau Cymraeg 'ma yn adlewyrchu diddordeb llawer cynharach yn y man lle roedd yr haul yn codi bob bore. Ystyr 'dwyrain' ydi 'codi', hynny yw, lle mae'r haul yn codi. Felly, y **'dwyrain'** oedd y cyfeiriad pwysicaf erstalwm, a hynny'n cael ei adlewyrchu'n ei safle ar dop mapiau'r canol oesau.

Gan fod ein mapiau cyfoes bellach yn rhoi'r gogledd ar y top, mae'n braf meddwl fod hynny'n rhyw fath o gydnabyddiaeth o'r diwedd, o bwysigrwydd ochr chwith pethau!

14. GWYNT

Llun: Ceiliog y gwynt. Mae gwybod cyfeiriad y gwynt yn gymorth wrth ddyfalu'r tywydd i'r sawl sy'n gweithio ar y tir, ond beth am ar y môr?

I'r hen forwyr yn oes y llongau hwylio roedd **'gwynt'** yn holl bwysig – pa mor gryf oedd o ac o ba gyfeiriad oedd o'n dod – ac mae sawl ymadrodd o fyd y morwr wedi aros yn ein hiaith lafar.

Yn wreiddiol roedd **'gwynt teg ar ei ôl o'** yn ffordd o ddymuno'n dda i rywun, drwy ddymuno gwynt o'r cyfeiriad cywir iddo, yn hytrach na gwynt croes, er mwyn ei helpu ar ei daith. Erbyn heddiw, fodd bynnag, mae wedi dod yn ymadrodd digon negyddol, yn cyfateb i'r Saesneg, *good riddance*!

Heb wynt, allai'r morwyr gynt ddim symud i unman, ac wrth gwrs weithiau mae'r gwynt yn gostegu'n ddirybudd. Dyna pam ein bod yn dweud fod rhywbeth yn **'tynnu'r gwynt o'n hwyliau'** pan fo rhywbeth yn tarfu arnom yn annisgwyl, fel ein bod yn methu mynd ymlaen. Ar y llaw arall, os dywedwn ni fod rhywun wedi cael **'gwynt dan ei adain'**, mae hwnnw wedi magu hyder i'w gario fel aderyn yn cael ei gynnal ar y gwynt.

Ond nid morwyr yw'r unig rai sydd yn diddori yng nghyfeiriad y gwynt. Fel y gwelsom uchod, ar y tir roedd deall cyfeiriad y gwynt yn help i ddarogan y tywydd:

'Gwynt o'r de,
Glaw cyn te.'

Dyna pam fod ceiliog y gwynt i'w weld ar ben sawl tŵr eglwys yng Nghymru. Mae sawl enw ar y gwyntoedd o wahanol gyfeiriadau – **'Gwynt y Gwyddel'** yw'r gwynt sy'n chwythu o'r gorllewin, tra bo **'gwynt traed y meirw'** yn enw ar wynt o'r dwyrain, ar ôl yr hen draddodiad y dylid claddu'r meirw gyda'u traed yn wynebu'r dwyrain. Ym Maldwyn, **'gwynt coch Amwythig'** yw'r enw ar wynt o'r cyfeiriad yna (a hwnnw'n cario rhywfaint o lwch pridd coch Amwythig i'w ganlyn mae'n debyg.) Ar y llaw arall, byddai'r hen borthmyn yn cyfeirio at wynt o'r Dwyrain fel **'gwynt ffroen yr ych'**.

Erbyn heddiw 'dan ni'n fwy tebygol o ddefnyddio rhagolygon y radio neu ap ffôn i ddarogan y tywydd, ond 'dan ni'n dal i ddefnyddio'r hen ddywediadau mewn cyswllt newydd:

*'Dwi'm yn siŵr os alla'i ddod efo chi i weld y gêm dydd Sadwrn, bydd rhaid i fi **weld pa ffordd mae'r gwynt yn chwythu** acw.'*

Hynny yw, sut 'dywydd' sydd ar yr aelwyd – tywydd 'ffafriol', neu 'storm' ar y ffordd!

Pan 'dan ni'n dweud **'mae 'na rywbeth yn y gwynt'**, mae'n dangos ein bod yn teimlo fod rhywbeth ar fin digwydd, fel byddai'r gwynt yn darogan newid tywydd erstalwm. Yn y Beibl, nerth dinistriol gan amlaf sydd gan y gwynt. Yn llyfr Hosea, dyma sut y cyfeirir at bobl Israel a'u problemau:

'Gwynt a heusant, a chorwynt a fedant.'

Ond gall gwynt fod yn beth bywiol hefyd, yn enwedig pan y caiff ei ddefnyddio fel term am 'anadl':

*'Rhedais adra a'm **gwynt yn fy nwrn**'.*

Dyma ymadrodd i ddisgrifio rhywun ar gymaint o frys nes methu cael ei anadl yn iawn, gan fod dwrn yn sicr yn dal tipyn yn llai na'r ysgyfaint! Petai rhywun yn cyrraedd eich tŷ wedi rhuthro fel yna, efallai y buasech chi'n dweud wrthyn nhw am gymryd munud i '**gael eu gwynt atynt**'.

Rhywbeth dros dro fel arfer ydi '**colli dy wynt**' neu fod '**allan o wynt**', ond os ydi rhywun yn cael trafferth anadlu, byddwn yn dweud ei fod yn '**methu cael ei wynt**'. Yn y De, byddai rhywun yn fwy tebygol o ddweud '**ma fe'n ffili ca'l 'i anadl**', i osgoi dryswch. Mae '**gwynt**' hefyd yn cael ei ddefnyddio yn y De fel gair am 'arogl'; er enghraifft '**ma gwynt ffein ar y cin'o 'ma!**'

O'r ystyr yma y datblygodd y ferf '**gwynto**', gan fod arogl yn cael ei gario ar y gwynt, a'r un ddelwedd sydd yn yr ymadrodd '**cael gwynt ar y stori**', sydd yn awgrymu y gellid clywed arogl y stori ar y gwynt, fel y bydd anifail rheibus yn arogli ei brae.

Mae'r geiriau '**ar yr un gwynt**' fel arfer yn tynnu sylw at y ffaith fod rhywun yn dweud rhywbeth sy'n groes i'r hyn oedden nhw newydd ddweud yn gynt, er enghraifft:

'Peth hyll 'di defnyddio geiria Saesneg diangen wrth siarad Cymraeg', meddai Mrs Jones; ac wedyn ar yr un gwynt, mi wnath hi ychwanegu fod o'n 'snobbish' ac yn dangos bod chi'n 'uneducated'.

Ond rhywbeth hollol wahanol wedyn yw dweud rhywbeth '**ar un gwynt**', sef brysio i ddweud rhywbeth heb gymryd anadl o gwbl. Felly, gan fod ein hamser ni wedi mynd '**fel y gwynt**', a chyn i neb ddechrau dweud '**dan ei wynt**', '*argol, mae hwn yn 'hirwyntog'!*' dwi'n siwr eich bod chi i gyd yn haeddu rhyw '**wynt bach**', neu seibiant, ar ôl gwrando mor astud arnaf innau'n '**gwyntyllu**' rhai o ystyron y gair '**gwynt**'!

15. Milgi

Llun: Tafarn y Milgi, Llannon, Cwm Gwendraeth gynt. Lle da i fynd am beint sydyn!

Mae cŵn wedi bod yn rhan o fywyd y Cymro ers canrifoedd, felly beth am i ni edrych ar y gair **'milgi'** ac ambell fath arall o gi sydd i'w gael yn yr iaith? Awn nôl i'r Canoloesoedd i ddechrau, ac yn ôl y cyfreithiau Cymreig:

*'tri chi bonheddig y sydd: olrhead; a **milgi**; a cholwyn.'*

Ci oedd yn gallu olrhain trywydd anifail oedd **'olrhead'**, a'r math o gi bach tlws fasai'n ffefryn gan ferched y llys oedd y **'colwyn'**. Roedd yn cael ei alw'n **'gi arffed'** weithiau, neu **'gi côl'**, am mai yno oedd yn treulio'r rhan fwyaf o'i amser wrth ddifyrru'i feistres. Mae **'ci rhech'** yn ddisgrifiad arall ar y math yma o gi. Os oedd arglwyddesi'r llys yn digwydd taro rhech, gellid bwrw'r bai ar y ci! Ac mae 'ci rhech' wedi dod yn ddisgrifiad dirmygus cyffredinol bellach, wrth gyfeirio at unrhyw gi bach.

Y math arall o gi bonheddig oedd y 'milgi'. Ci hela oedd y milgi yn wreiddiol ac mae llawer o sôn amdanyn nhw yn llawysgrifau'r Canoloesoedd. Mae Llyfr Gwyn Rhydderch yn sôn am:

*'y **milgwn** goreu a welaist erioed a glewaf ar hyddod.'*

Hynny yw, y mwyaf dewr yn hela 'hyddod', neu geirw. Hela '**mil**', sef hen air am anifail, oedd gwaith y milgi i arglwyddi'r Canoloesoedd. 'Dan ni'n clywed yr un elfen 'mil' mewn geiriau fel '**milfeddyg**', '**morfil**' a '**cawrfil**', sef hen enw am eliffant. Ac yn ôl y cyfreithiau Cymreig, roedd y milgi nid yn unig yn gi bonheddig, ond hefyd yn ddigon pwysig i fod yn un o gŵn y brenin ei hun:

*'gwerth **Milgi** y brenin, os bydd gyfrwys, cant ac ugain o geiniogau; ac anghyfrwys, chwedeg ceiniog.'*

Roedd 'cyfrwys' ac 'anghyfrwys' yn y cyswllt yna, yn golygu p'un ai oedd y milgi wedi ei hyfforddi ai peidio. Ond mewn cyfnod mwy diweddar, daeth y milgi'n greadur mwy gwerinol.

Byddai pobl Ceredigion erstalwm yn cyfeirio'n gellweirus at bobl y cymoedd glofaol fel

'Milgi, mwfflar a mynyffarn i'

Ond cadw milgwn i'w rasio yn eu horiau hamdden fyddai'r glowyr, yn hytrach na hela.

Trown rwan at gŵn yn fwy cyffredinol. Maen nhw'n dweud fod cŵn a'u meistri'n debyg i'w gilydd. Ac mi wyddoch chi fel mae cŵn yn snwffian o gwmpas penolau ei gilydd – wel, mae rhaid dweud fod rhai o'u meistri yn talu tipyn o sylw at y rhan yna o'r ci hefyd, fel mae'r ymadroddion nesa'n dangos:

Pan fo pobl y De-Orllewin eisiau disgrifio rhywbeth disglair, dywedant weithiau:

*'Mae'n sheino fel pwrs **milgi** ar houl.'*

Ac nid honno yw'r unig engrhaifft o'r ci druan yn cael ei

ddefnyddio i wneud cymhariaeth anffafriol. Pan gerddwn yn boenus, gan gymryd rhyw gamau bach yn unig, 'dan ni'n cerdded '**fel ci yn cachu asgwrn**.' Pan welwn ni rywun yn gwneud yr un camgymeriad dro ar ôl tro, dywedwn ei fod o'n '**dod nôl fel ci at ei chwydfa**.' (Mae greddf ci i snwffian bob dim yn gallu bod yn drech na'i synnwyr cyffredin weithiau!) O Lyfr y Diarhebion yn y Beibl mae'r dywediad yma'n dod yn wreiddiol:

*'Megis y mae **ci yn dychwelyd at ei chwydfa**, felly y mae y ffôl yn dychwelyd at ei ffolineb.'*

Cofiwch, weithiau tydi 'milgi' ddim yn gi o gwbl, er enghraifft pan mae'n enw ar dafarn yng Nghwm Gwendraeth, neu dŷ bwyta yng Nghaerdydd. Dwi'n siwr ar ôl i chi gael sgram yn yr ail le na fyddwch chithau ddim yn denau fel milgi (ond dwnim faint o filgwn welwch chi yno'n bwyta chwaith, gan ei fod o'n dŷ bwyta llysieuol!). Mae'r tŷ bwyta hwnnw yn dilyn mewn traddodiad anrhydeddus o alw 'ci' ar bethau sydd ddim yn gŵn o gwbl. Dyma i chi ychydig o enghreifftiau eraill:

'**Cŵn Edeirnion**' yw'r hen enw cellweirus ar bobl sy'n byw yn ochrau Corwen, fel Jacs Abertawe neu Tyrcs Llanelli. '**Cŵn Ebrill**' yw'r enw yn Arfon i ddisgrifio gylfinirod, yr adar hirbig sy'n cerdded drwy ddyfroedd bas aberoedd ein gwlad yn galw ar ei gilydd, yn enwedig yn y gwanwyn.

Mae'r '**dwrgi**' ychydig yn debycach i gi efallai, er ei fod yn byw ar bysgod ac yn treulio llawer o'i amser yn y dŵr, ond mae'r '**morgi**' a'r '**penci**' yn fathau o bysgod. Mae 'penci' hefyd yn cael ei ddefnyddio i ddisgrifio person croes, penstiff. Ac mae'n debyg mai '**ci llidiart**' mae pobl Penllyn yn ei ddweud am golyn neu hinj giât, tra bod '**gast clo**' yn air arall am y sbring mewn clo.

Ond i gloi, beth am i ni droi nôl at y milgi? Yn gynharach mi ddyfynnon ni o Lyfr y Diarhebion, ac mae'r geiriau 'ci' a 'cŵn' yn ymddangos dros ddeg ar hugain o weithiau yn y Beibl. Ond ym Meibl William Morgan, mae 'na hefyd gyfeiriad at y milgi'n benodol. Mewn rhestr o'r pedwar peth sy'n cerdded yn weddus neu'n urddasol, ochr yn ochr â'r brenin, y llew, a'r bwch gafr, mae'r *'milgi cryf yn ei feingefn'*. Ac os nad ydi hynny'n rhoi'r milgi ar bedestal, dwn i'm be sydd!

16. Ceffyl

Llun: Cob Cymreig. O Fari Lwyd Morgannwg, i Sadwrn Barlys Aberteifi, mae'r ceffyl â lle anrhydeddus yn ein diwylliant o hyd.

Dechreuodd ein cyndadau ddofi ceffylau ryw chwe mil o flynyddoedd yn ôl, ac mae ein gair ni '**ceffyl**' yn un hen iawn hefyd. Mae'n tarddu o'r gair Celtaidd *kappilos* ac ar ôl colli'r sillaf olaf, troes hynny'n *cappall* yn y Wyddeleg a 'ceffyl' yn y Gymraeg. Mae'n debyg fod y gair wedi ei fenthyg i'r Lladin hefyd, fel *caballus*, ac fe wnaeth hynny yn ei dro roi *caballo* yn Sbaeneg a *cheval* yn Ffrangeg.

Mae sawl enw arall am geffyl yn y Gymraeg. '**March**' neu '**stalwyn**' yw'r gwryw, '**caseg**' yw'r fenyw, ac '**ebol**' yw'r enw am geffyl bach. Mae'r gair 'ebol' wedi dod o hen air Celtaidd arall am geffyl, sef '*epos*'. Mae elfen gyntaf y gair wedi goroesi yn yr enw lle, **Epynt**, sef yr ardal fynyddig rhwng Llanfair-ym-Muallt ac Aberhonddu. 'Dan ni'n dal i sôn weithiau am rywun yn mynd **ar ei hynt** i rywle, hynny yw, mynd ar siwrne, a dyna yw 'ep-hynt', sef lle mae'r ceffylau'n gallu mynd ar eu hynt, a chrwydro'n rhydd.

Nes dyfodiad yr injan betrol, ceffylau oedd yr unig ffordd i fynd o le i le yn gynt nag y gellid cerdded, a'r ffordd orau wrth geisio symud llwythau trwm dros y tir. Os oedd llwyth yn rhy drwm i un ceffyl defnyddiwyd dau, a dyna wreiddyn yr ymadrodd '**ceffyl blaen**' – yr un mewn pâr sy'n arwain – ond mae tinc beirniadol yn aml pan 'dan ni'n defnyddio'r geiriau i ddisgrifio person:

*'Mae'n dipyn o **geffyl** blaen'*

Hynny yw, os na chaiff arwain, efallai na fydd yn barod i gydweithredu.

Ond creadur cydnerth yw'r ceffyl, ac mae'n siwr mai dyna ysbrydolodd y ddihareb '**ceffyl da yw ewyllys**'. Hynny yw, mae ein hewyllys a'n hawydd i wneud pethau, yn gallu sicrhau eu bod yn digwydd, yn debyg i *where there's a will, there's a way*, chwedl y Sais.

Pan soniwn fod rhywun '**ar gefn ei geffyl**', cyfeiriwn at rywun sydd wedi mynd i stêm wrth draethu ar ryw bwnc neu'i gilydd. Mae'r ddelwedd yna yn dod o fyd marchogaeth; mae'n anoddach, wrth gwrs, gwrthsefyll rhywun sydd ar gefn ei geffyl o gymharu â rhywun sydd ar droed, ac felly mae'n haws iddyn nhw fwrw yn eu blaen i siarad.

Mae'r gair '**marchogaeth**' ei hun yn tarddu o'r gair '**march**', neu a bod yn fanwl gywir, o'r gair '**marchog**'. Marchog oedd rhywun oedd ar gefn march, a marchogaeth yw'r gair wedyn am sut mae marchog yn rheoli'r ceffyl oddi tano. Stalwyn wrth gwrs yw march, ac mae '**marcho**' hefyd yn air yn y gorllewin am gyfathrach rhywiol, tra bod '**march y plwy**' yn ymadrodd mewn sawl ardal am rywun sy'n rhy hael ei ffafrau efo'r merched.

Yn ôl llyfr gwych Mary Wiliam '*Dawn Ymadrodd*', yn sir Gaerfyrddin, petai merch yn treulio gormod o amser yn ffysian o flaen y drych cyn cychwyn allan o'r tŷ byddai rhywun yn dweud hyn wrthi:

'Stopith neb geffyl gwyn i ddrychid arno.'

Hynny yw, er gwaethaf ei enw, nid yw ceffyl gwyn yn hollol wyn; mae rhyw flewiach du ac ambell frycheuyn ganddo yntau hefyd, ond yr argraff gawn ni yw ei fod yn hollol wyn; a'r argraff sy'n bwysig.

Caiff y ceffyl ei ddefnyddio yn fanno i ddysgu gwers i'r rhai ifanc, ond gallwn ei ddefnyddio hefyd i anelu gair o feirniadaeth at berson hŷn:

'Anodd tynnu cast o hen geffyl.'

Ystyr 'cast' yw tric neu arfer drwg, ac mae'r ddihareb yn disgrifio rhywun sydd wedi setlo yn ei ffyrdd ac yn methu newid.

'**Ceffyl Pren**' oedd enw grŵp glam roc o'r wythdegau; mae'n derm digon cyffredin am fath o degan plentyn, ond mae hefyd yn gallu cyfeirio at draddodiad gynt, lle roedd y dorf yn cymryd pethau i'w dwylo eu hunain er mwyn mynnu cyfiawnder am drosedd. Byddai'r troseddwr yn cael ei glymu i'r 'ceffyl pren', sef math o ffrâm bren, er mwyn galluogi'r dorf i'w cludo o gwmpas y pentref a chodi cywilydd arno. Gallai landlordiaid llym gael eu cosbi fel hyn; pobl oedd wedi godinebu; a thadau plant llwyn a pherth oedd yn gwadu'u cyfrifoldebau, yn gwrthod priodi, neu'n gwrthod cyfrannu at fagwraeth eu plant.

Wel, rhag ofn fod siarad yn rhy hir hefyd yn un o droseddau'r 'ceffyl pren' gynt, a rhag i neb fy nghyhuddo innau o fod ar 'gefn fy ngheffyl', gwell dweud 'Whoa Bess!' yn fanno, a rhoi'r gair 'ceffyl' yn ôl yn ei stabl!

17. TIR

Llun : Rhywbeth sefydlog yw tir ac yn briodol iawn, mae'r gair tir yn un o'r geiriau sydd wedi newid leiaf ers cofnodion cynharaf y Gymraeg...

Mae 'tir' wedi bod yn bwysig ym mhob oes yn ein hanes fel Cymry. Tydi hi ddim yn syndod felly fod tir yn cael ei grybwyll yn y ddogfen ysgrifenedig hynaf yn y Gymraeg, sy'n dyddio nôl i'r wythfed ganrif. Yn ddifyr, dogfen sy'n cofnodi ffrae ynglŷn â phwy oedd berchen darn o dir oedd honno. Er bod y Gymraeg wedi newid tipyn dros y canrifoedd, o ran sut mae'n cael ei sillafu ac yn y blaen, mae'n ddiddorol nodi mai 'tir' yw'r unig air yn y ddogfen sydd heb newid o gwbl.

Mae 'tir' hefyd yn un o'r ychydig eiriau sydd fwy neu lai yr un peth ym mhob un o'r ieithoedd Celtaidd. *Tir* yw'r gair yn y Gernyweg a'r Llydaweg; *tír* yn yr Aeleg a'r Wyddeleg, a *cheer* yw'r gair yn y Fanaweg.

'**Tír na n-Óg**' yw enw'r Gwyddelod ar wlad yr ifanc, gwlad yn eu chwedloniaeth nhw lle doedd neb byth yn heneiddio, ond mae'r enw wedi ymledu ymhell o Iwerddon erbyn hyn; mae'n feithrinfa ym Mangor, siop yng Nghaernarfon ac yn gadwyn o dafarnau Gwyddelig yn yr Unol Daleithiau. Ymweliad â Thír na n-Óg oedd testun yr opera roc gyntaf yn y Gymraeg, '*Nia Ben Aur*':

*'Nia Ben Aur, o **Dír na n-Óg**,*
Ti oedd y ferch dlysa' welodd Osian erioed.'

Mae'r gair 'tir' yn dod yn y pen draw o hen air Indo-Ewropeaidd *ters*, oedd yn golygu 'sych', a'r gair 'sych' yn y Wyddeleg hyd heddiw yw *tirim*. Mae pob morwr yn deall pwysigrwydd tir sych, fel 'sgwennodd Daniel Owen:

*'Wedi i mi gael rhoi fy nhroed ar **dir sych**, cefnais ar y capten caredig.'*

'**Tirio**' fyddwn ni'n dweud weithiau am ddod i'r lan, ac erstalwm, os nad oedd porthladd pwrpasol, byddai capten yn '**tirio'i long**', sef ei rhedeg i'r traeth yn fwriadol er mwyn ei dadlwytho rhwng dau lanw.

Ond unwaith yr oedd rhywun yn dod i'r **tir mawr** yng Nghymru, gellid yn hawdd faddau iddo am gael ei ddrysu gan yr holl wahanol fathau o dir oedd i'w gael. Gellid disgrifio tir âr fel '**tir llafur**', '**tir tro**' a '**thir swch a chwlltwr**'. Yn Arfon roedd tir ffrwythlon yn cael ei ddisgrifio fel '**tir cryf**', ond ym Maldwyn byddai'n cael ei alw'n '**tir crai**'. Ym Morgannwg a Chaerfyrddin, os yw '**tir fel y gloch**', mae'n dir caled, solet, ond yn sir Ddinbych, os bydd ffermwr yn cyfeirio at '**dir cornchwiglen**', mae hwnnw'n dir gwlyb, digon sâl, gan mai tir corslyd yw cynefin y gornchwiglen.

'**Tir coch**' yw'r gair yn y Gorllewin am dir sydd wedi cael ei aredig. Cyhoeddodd D.J Williams sawl cyfrol o straeon: '*Storïau'r Tir Coch*', '*Storïau'r Tir Du*' a '*Storïau'r Tir Glas*'. Tir pori yw ystyr arferol '**tir glas**'.

Mae tir coch, glas, du, melyn a llwyd i gyd wedi rhoi enwau llefydd mewn gwahanol rannau o Gymru, ond mae enwau hefo'r elfen 'tir-' ynddyn nhw hefyd, yn nodi pwy oedd yn berchen ar y tir. Mae sawl 'Tir Ifan', 'Tir Madog', 'Tir Gruffydd' ac yn y blaen. Weithiau roedd y perchnogion yn uwch eu statws – mae 'Tir Iarll' ym Morgannwg rhwng Llangynwyd a Margam, tra bod sawl 'Tir yr Abad' a sawl 'Tir y Brenin' o gwmpas Cymru benbaladr.

Ond doedd perchen tir ddim yn gwarantu bywyd bras. Byddai rhai yn dweud *'mae llathaid o gownter yn well nag acer o dir'*, hynny yw, roedd yn haws llwyddo fel siopwr na ffermwr. Ond roedd rhai yn credu fel arall:

'Banc y tir sydd ora.'

'Tiriog' oedd yr hen air am dirfeddiannwr a hynny sydd wedi rhoi'r gair **'tiriogaeth'** i ni, sef yn wreiddiol ddarn o dir oedd yn eiddo i 'diriog'. Erbyn hyn, os ydyn ni'n sôn am rywun **'tiriogaethol'** 'dan ni'n sôn am rywun sy'n awyddus i amddiffyn ei diriogaeth, a'r **Fyddin Diriogaethol** yw'r fyddin ran amser sy'n cefnogi'r fyddin broffesiynol mewn argyfwng.

Mae 'na ddigon o sôn am ymladd i amddiffyn tir a thiriogaeth yn yr Hen Destament ond mae hefyd sawl cyfeiriad yno at **'dir y byw'**:

*'Caf weld daioni yr Arglwydd, mi wn hyn i sicrwydd, yn **nhir y byw**.'*

Hynny yw, fod Duw yn gofalu am ei bobl yn y bywyd hwn. Mae 'tir y byw' yn rhan o Gymraeg llafar hyd heddiw, ond mae'n fwy cyfarwydd erbyn hyn fel cwestiwn i ryw gysgadur peth cynta'n y bore, ar ôl noson drom efallai:

*'Wyt ti ar **dir y byw**?!'*

Mae'r gair 'tir' yn dal i ymddangos mewn sawl cyswllt yn ein hiaith bob dydd, er nad ydy'r rhan fwyaf ohonom ni bellach yn byw ar y tir nac yn berchen arno chwaith. Pan fo rhywun yn gwneud rhywbeth sydd heb ei wneud o'r blaen, byddwn ni'n dweud ei fod o neu hi'n **'torri tir newydd'**. Os yw rhywun yn paratoi'r ffordd ar gyfer rhywun arall, dywedwn weithiau ei fod o'n **'braenaru'r tir'**, sef paratoi'r tir ar gyfer ei hau. Os ydi rhywun yn **'colli tir'**, mae'n colli dylanwad neu allu. Ar y llaw arall, gall **'ennill tir'**, neu **'ddal ei dir'**. Pan fo dwy garfan benben â'i gilydd, profiad diflas yw cael dy ddal yn y **'tir neb'** rhyngddyn nhw, ond os ydi'r ddwy ochr yn fwy cymodlon, efallai fod gobaith i ganfod rhyw **'dir canol'**.

Wrth gymodi, mae'n bwysig peidio cyfaddawdu gormod – wedi'r cyfan, 'dan ni ddim eisiau **'darfod o'r tir'**, nag ydan? Felly, mi orffennwn hefo geiriau Geraint Jarman o'i gân *Ethiopia Newydd*: os wyt ti am fynnu dyfodol, meddai, rhaid i ti *'ddal dy dir'*:

'Dal dy dir,
Ethiopia newydd yn dyfod cyn hir...'

18. NEWYDD

*Llun: Tafarn Tŷ Newydd,
Sarn Mellteyrn ym Mhen Llŷn.
A hithau wedi'i chodi yn 1834,
'hen' dafarn yw'r 'tŷ newydd'
bellach, er gwaethaf ei henw.*

Mae'n eironig meddwl nad ydy'r gair **'newydd'** yn newydd o gwbl, gan ei fod o'n ymddangos yn un o'r cofnodion hynaf sydd gynnon ni yn y Gymraeg. Cyfeiriwyd eisoes at y cofnod hwnnw sy'n dyddio nôl i'r wythfed ganrif ac mae'n disgrifio'r ymrafael dros ddarn o dir, rhwng gŵr o'r enw Tudfwlch a dyn o'r enw Elgu. Cytunodd Elgu i dalu iawndal i Tudfwlch am gymryd ei dir, ac roedd yr iawndal yn cynnwys tair buwch oedd 'newydd' ddod â llo. Ond nid 'newydd' yw'r gair a gofnodwyd, fodd bynnag, ond **'nowydd'**, a gan fod y gair wedi tarddu o'r gair Brythoneg *nowi-ios*, mae hynny'n gwneud synnwyr; dim ond wedyn y newidiodd 'nowydd' yn 'newydd'.

Mae'n ddiddorol nodi mai 'nowydd' mae pobl yn ei ddweud mewn rhai rhannau o Geredigion hyd heddiw:

'*Weles i fe ddo', ac ro'dd e wedi ca'l sgidie **nowydd**.*'

Felly, nid datblygiad tafodieithol yw hyn, felly, ond enghraifft o'r ffurf wreiddiol yn goroesi mewn un ardal, er iddi gael ei disodli ymhob man arall.

Gwelwn yr un ffenomen hefo'r geiriau hyn:

'*Weles i'r **ddou** mas yn yr '**oul** yn rhedeg yn **glou**.*'

Hynny yw, 'mi welais i'r ddau allan yn yr haul yn rhedeg yn glau' (neu'n gyflym). Ond unwaith eto y ffurfiau tafodieithol '**dou**', '**clou**' a '**houl**' yw'r ffurfiau hynaf – roedden nhw'n bodoli cyn y ffurfiau '**dau**', '**clau**' a **haul**' sydd erbyn hyn yn cael eu cyfri fel y ffurfiau safonol.

Yn ein cymdeithas heddiw 'dan ni'n rhoi gormod o fri efallai ar bethau newydd, ond un peth 'newydd' sydd wedi cael ei werthfawrogi erioed yw gwybodaeth neu hanesion newydd.

'**Pa newydd**?' 'dan ni'n ei ddweud weithiau wrth gyfarch rhywun 'dan ni heb ei weld ers tro, a 'newydd' yn yr ystyr yma sydd wedi rhoi'r gair '**newyddion**' i ni hefyd. Erbyn heddiw, mae 'newyddion' yn tueddu i wneud inni feddwl am Huw Edwards a bwletinau ar yr awr, ond mae'r gair hefo ni ers cyfnod yr Esgob William Morgan, fel y gwelwn ni'n y dyfyniad yma o Lyfr y Diarhebion:

'*Fel dyfroedd oerion i enaid sychedig, yw **newyddion** da o wlad bell.*'

Ffordd arall y mae'r gair 'newydd' yn cael ei ddefnyddio yw i gyfleu'r syniad o rywbeth sydd wedi digwydd yn ddiweddar iawn, yn y gorffennol agos:

'"*Mae Carwyn Jones **newydd** wneud cyhoeddiad*" *meddai'r bwletin newyddion.*'

Mae sawl gair yn y Gymraeg sy'n gallu cael ei ddefnyddio yn y modd yma er mwyn amrywio ystyr y ferf. Os dwedwn ni:

'*Dwi **yn** mynd*'

... 'dan ni'n gwybod fod o'n digwydd rwan. Os dwedwn ni:

*'Dwi **ar** fynd'*

... 'dan ni'n gwybod fod o ar fin digwydd. Pan fydd rhywun yn dweud:

*'Dwi **am** fynd'*

... yna mae 'na fwriad neu awydd sydd heb ei gyflawni eto. Mae dweud,

*'dwi **heb** fynd'*

.... yn troi'r syniad yn un negyddol, ac os dwedwn ni:

*'dwi **wedi** mynd'*

... 'dan ni'n gwybod fod y 'mynd' 'na yn perthyn i'r gorffennol – a hynny'n orffennol pellach yn ôl na fasa'n cael ei gyfleu gan *'dwi **newydd** fynd'*. Mae'n dangos pa mor soffistigedig yw'r Gymraeg – a faint o ystyron amrywiol fedrwch chi wasgu allan o eiriau syml fel 'dwi' a 'mynd'!

Ond gadewch i ni droi nôl at y gair 'newydd' unwaith eto, a'i ystyried **'o'r newydd'**, fel petai. Wrth drafod rhywbeth newydd, weithiau 'dan ni'n awyddus i drafod **'pa mor'** newydd ydi o, a 'dan ni'n defnyddio ansoddeiriau eraill wedyn i bwysleisio hynny.

Dywedwn weithiau fod rhywbeth yn **'newydd sbon'**. Mae **'sbon'** yn dod o'r Saesneg *'span'*, ac roedd y Saeson yn arfer dweud fod rhywbeth yn *'span new'* yn hytrach na *'brand new'* fel sy'n arferol heddiw. Mae'n debyg fod *'span'* yn hen air Saesneg am sglodyn o bren, a byddai pren newydd ei dorri, yn sicr ag oglau ffres, newydd, arno.

Ond tydi dweud fod rhywbeth yn 'newydd sbon' ddim yn ddigon gan rai – maen nhw eisiau mynd ymhellach a dweud fod o'n **'newydd sbon danlli'**. Mae **'tanlli'** yn dod o'r gair **'tanlliw'**, a gallai gyfeirio at rywbeth fel pedol, er enghraifft, sydd newydd ei thynnu allan o dân yr efail.

Mae fy hoff ymadrodd innau sy'n cynnwys y gair 'newydd' yn dod o lyfr sy'n ymdrin â iaith Eifionydd, gan Gwilym Tudur a Mair E. Jones. Maen nhw'n sôn am ferch a fu'n destun cellwair yn lleol am iddi ddweud bod hi 'di cael **'beic newydd ail-law'** – a dwi'n cydymdeimlo'n llwyr â hi. Doedd y beic ddim yn un newydd sbon, ac efallai nad oedd yn newydd o gwbl, ond roedd o'n newydd iddi hi.

Yng nghymdeithas heddiw, sy'n taflu pethau sy'n gweithio'n berffaith, jest am nad ydyn nhw ddim yn 'newydd' rhagor, efallai y bydden ni gyd ar ein hennill, petaen ni'n fwy gwerthfawrogol o bethau 'newydd ail-law'!

19. HEN

Llun: Hen dŷ bach a hen dwb molchi yn rhes dai Rhyd y car yn Amgueddfa Werin Cymru, Sain Ffagan. Yno, mae sawl hen beth i ennyn diddordeb y to newydd!

Be ydi '**hen**'? Wel, mae'n dibynnu ar eich safbwynt, yntydi? Gall torth ddechrau sychu ar ôl ychydig o ddyddiau, ac wedyn efallai y clywch chi rywun yn gweiddi

'*ych, mae'r bara 'ma'n* **hen***!*'

Ond os 'dan ni'n sôn am yr **Hengerdd** ar y llaw arall, 'dan ni'n sôn am gerddi Cymraeg gafodd eu 'sgwennu tua mil a hanner o flynyddoedd yn ôl. Gall 'hen' felly fod yn fater o ganrifoedd neu ddyddiau – neu funudau hyd yn oed. Os 'dach chi'n troi fyny yn y stesion efo'ch gwynt yn eich dwrn ac yn gofyn ar ba blatfform mae trên Caerdydd, digon posib y dywedith rhywun ei fod wedi '**hen fynd**'.

Efallai mai dim ond pum munud ynghynt yr aeth o, ond mae o wedi 'hen' fynd. Mae'r ffaith fod 'hen' mor hyblyg ei ystyr wedi apelio at y beirdd ar hyd y canrifoedd. Dyma Llywarch Hen (enw addas iawn!) yn disgrifio deilen wedi crino yn yr hydref:

'*Hi hen, eleni ganed.*'

Ac yn fwy diweddar, canodd Alan Llwyd fel hyn am ei daid:

'Ei ddwylo fel dwy ddeilen – y mae'r grym
o'r gwraidd wedi gorffen;
mae 'nhaid nawr yn mynd yn hen,
ddoe'n graig a heddiw'n gragen.'

'Henaint ni ddaw ei hunan' fel mae'r hen air yn ei ddweud. Ond wrth heneiddio daw profiad, a gyda phrofiad (gobeithio) y daw doethineb. Mae **'hen law'** yn meddu ar y profiad angenrheidiol i gyflawni tasg yn ddeheuig. Mae **'hen ben'** wedi gweld y cyfan o'r blaen, ac nid yw'n cynhyrfu pan fo problem; weithiau defnyddiwn 'hen ben' i gyfeirio at rywun iau sydd â gallu tu hwnt i'w flynyddoedd.

Yn ôl hen air arall, **'yr hen a wŷr a'r ifanc a dybia'**, ond yn Sir Aberteifi mae rhyw **'hen wag'** anhysbys wedi addasu'r geiriau hynny:

'Yr hen a wŷr a'r ifanc a wŷr y blydi lot!'

Ond ydy'r hen mor ddoeth â hynny go iawn? Dyma ddihareb arall:

'Henach, henach, ffolach, ffolach'

Hynny yw, ein bod ni'n gallu mynd yn wirionach weithiau, wrth heneiddio. A phan 'gyll y call, fe gyll ymhell', fel maen nhw'n dweud, neu mewn geiriau eraill:

*'Dwl dwla, dwl **hen**.'*

Ond gan fy mod i'n prysur heneiddio fy hun, gwell gen i gredu nad oes **'neb rhy hen i ddysgu'**.

Mae 'hen' yn air defnyddiol i ddisgrifio perthynas â gwahanol aelodau o'r teulu. Os 'dach chi'n cyfeirio at **'hen gariad'**, cyn-gariad 'dach chi'n feddwl. Os nad yw hi neu fo'n llwyddo i gael cymar arall, efallai bydd yn diweddu'n '**hen ferch**' neu'n '**hen lanc**'. Ond efallai y dewch chi nôl at eich gilydd, achos wedi'r cyfan, fel maen nhw'n ddweud, '**hawdd cynnau tân ar hen aelwyd.**'

Ac efallai y cewch chi blant, a chaiff rheini blant, a chaiff rheini blant wedyn. Ac os y byddwch chi dal ar dir y byw, byddwch chi'n '**hen fam-gu**' ac yn '**hen dad-cu**' wedyn, neu'n '**hen nain**' a '**hen daid**'.

Mae '*Heno, heno hen blant bach*' yn hwiangerdd boblogaidd, ond sut mae modd cael 'hen blant bach', dwi'n eich clywed chi'n gofyn? Ifanc ydi plant siwr iawn! Wel, 'dan ni'n defnyddio 'hen' weithiau, nid i ddisgrifio oedran, ond i gyfleu anwyldeb.

Pan ddywed rhywun eu bod yn mynd â rhywbeth i'r '*hen blant 'cw*', cyfeirio'n annwyl at y plant y maen nhw, ac yn yr un modd, efallai eich bod chi'n cyfeirio at eich mam fel '**yr hen wraig**' neu'r '**hen gwîn**', a'ch tad fel yr '**hen ŵr**' neu'r '**hen foi**'. Tybed ydych chi hefyd yn cyfarch eich ffrind fel '**rhen goes**'?

Mae 'na elfen o anwyldeb hefyd yn perthyn i'r gair hollbwysig 'na, yr '**heniaith**', sef y Gymraeg; ac hefyd wrth gwrs i'n hanthem genedlaethol ni, '**Hen** Wlad fy Nhadau.'

Ond tydi 'hen' ddim bob tro'n cyfleu anwyldeb wrth siarad am bobl. Weithiau, mae'r gair yn cael ei ddefnyddio i ddwysáu gair arall, a gan amlaf, disgrifiad negyddol fydd hwnnw wedyn. Mae galw rhywun yn 'gythral' yn un peth, ond mae ei alw o'n '**hen gythral**' yn waeth rywsut. Dyma ambell enghraifft arall:

'*Hen lwynog*' , sef rhywun slei a chyfrwys.
'*Hen gonen*', sef merch sy'n cwyno, yn 'conan' o hyd.

Os ydi rhywbeth 'wedi digwydd', mae'n perthyn i'r gorffennol, ond os ydi rhywbeth 'wedi **hen** ddigwydd', mae wedi digwydd ers amser maith. Rhyw dinc digon anobeithiol sydd i'r ymadrodd yma fel arfer:

'*Dwi 'di **hen** flino ar y lle 'ma*'

'*Roedd y cr'adur wedi **hen** anobeithio am wella.*'

'*Mae hi wedi **hen** arfer cael ei beirniadu.*'

Ac yn olaf, byddwn ni'n defnyddio 'hen' hefyd i gyfleu bod rhywbeth ar raddfa fawr, er enghraifft '*fe aeth hi'n **hen** weiddi yno*' i esbonio fod yna weiddi mawr wedi bod, neu '*roedd yna **hen** fwyta pan ddaeth pawb at y bwrdd*' i ddangos fod pawb wrthi'n bwyta'n awchus, nes eu bod wedi cael '**hen ddigon**' mae'n siwr!

Wel, tebyg eich bod chitha' wedi cael hen ddigon erbyn hyn, ac felly mae'n '**hen bryd**' i'r bennod orffen, cyn i chi '**hen syrffedu**' ar hen restr geiriau fel hyn.

'**Hen dro**' f'asai hynny'n te?

20. MARW

*Llun: Darlun o'r Brenin Angau
y tu mewn i eglwys Patrisio yn
y Mynydd Du. Llun i'n
hatgoffa o'r hyn sy'n ein
hwynebu ni i gyd, ar ddiwedd y
daith ...*

Mae '**marw**' yn rhywbeth a
ddaw i ran pob un ohonom ni;
mae'n un peth sydd gynnon ni
i gyd yn gyffredin. Ond mae
ambell nodwedd anghyffredin
gan y gair 'marw', fel y cawn
weld yn y man.

Saith llafariad sydd yn y Gymraeg – a, e, i, o, u, w, y – ond
weithiau mae 'w' yn gallu bod yn gytsain hefyd. Sut hynny,
meddech chi? Cymerwch y gair '**gwlad**' fel enghraifft. Cytsain
ydi 'w' yn fanno – petai'n llafariad, nid 'gwlad' y basen ni'n
ddweud ond 'gŵ-lad', a basa gair unsill yn troi'n ddeusill. Cytsain
yw 'w' hefyd mewn geiriau fel '**gwraidd**', '**gwrando**' a '**gwneud**'.

Ac 'w' gytsain oedd yr 'w' yn y gair 'marw' yn wreiddiol
hefyd – yn ogystal â geiriau fel '**chwerw**', '**garw**' a '**meddw**'.
Gair unsill oedd 'marw' yn wreiddiol, ac yn cael ei ynganu fel
'mar(w)' – dim ond wedyn mae wedi troi'n 'mar-w', sef gair
deusill, ar lafar.

Os nad ydych chi'n fy nghoelio fod geiriau fel 'marw',
'chwerw' a 'meddw' yn cael eu hysteried yn eiriau unsill
erstalwm, gwrandewch ar be sy'n digwydd pan maen nhw'n
ymddangos o fewn geiriau hirach:

'Mar-nad' 'dan ni'n ddweud, nid 'mar–ŵ–nad', 'chwer-der', nid 'chwer–ŵ–der', 'medd-dod', nid 'medd-ŵ-dod.' Os ydan ni'n olrhain y geiriau hyn, a rhai tebyg iddyn nhw, yn ôl i'w gwreiddiau Celtaidd, diweddu efo 'f' yn hytrach nac 'w' oeddyn nhw. Yng Ngwyddeleg Corc a Ciarrai hyd heddiw *marbh* (marf) a *tarbh* (tarf) yw'r geiriau sy'n cyfateb i 'marw' a 'tarw' yn ein hiaith ni.

Mae'r seiniau 'w' ac 'f' yn dal i newid lle weithiau yn y Gymraeg hyd heddiw. Er enghraifft, **'gwddf'** yw'r ffordd gywir o ysgrifennu ac ynganu'r gair am y rhan o'r corff sy'n cysylltu'r pen a'r ysgwyddau, ond **'gwddw'** 'dan ni'n tueddu i'w ddweud. Yn yr un modd, mae **'taflu'** yn gallu troi'n **'towlu'**, **'pythefnos'** yn gallu troi'n **'pythewnos'** yn y De, ac mae **'gorwedd'** yn gallu troi yn **'gorfadd'** yn y Gogledd-Orllewin.

Ond gadewch i ni ddod nôl at y gair dan sylw, 'marw', a rhai o'r geiriau sy'n deillio ohono fo. Pan fo rhywbeth yn ddifywyd, gallwn ddeud ei fod o'n **'farwaidd'**:

'*Roedd y dre'n hollol **farwaidd** heno.*'

Os ydi rhywun yn derbyn **'anaf marwol'**, bydd hwnnw'n ddigon i achosi marwolaeth. Weithiau mae 'marwol' yn cael ei ddefnyddio fel enw yn hytrach nac ansoddair:

'W*nes i roi'r **farwol** iddo.*'

Hynny yw, rhoi'r ergyd derfynol iddo. Mae **'anfarwol'**, ar y llaw arall, yn golygu rhywun neu rhywbeth sy'n para am byth, fel y gwelwn yng ngwaith Elis Lewis o 1661:

'***Anfarwol** yw'r enaid, Tragwyddol yw, bydd iddo fyw byth.*'
Mae pobl yn gallu **'anfarwoli'** eu hunain wedyn drwy gyflawni rhyw gamp neu'i gilydd:

'**Anfarwolodd** ei hun drwy ennill ei phumed medal aur Olympaidd.'

Ond mae'r gair 'anfarwol' hefyd yn cael ei ddefnyddio i olygu rhywbeth bythgofiadwy, rhagorol:

'Sut oedd ei berfformiad ar y llwyfan neithiwr?'
'O, roedd e'n **anfarwol,** 'chan!'

Un peth arall sy'n anghyffredin am y gair 'marw' – mae'n un o'r ychydig ferfau yn y Gymraeg na fedrwch chi ddim defnyddio'r terfyniadau arferol hefo hi. Mae'r ferf **'byw'** yn enghraifft arall. Hynny yw, fedrwch chi ddim dweud '**marwaf'** – mae'n rhaid i chi ddweud:

'Dwi'n marw.'

A fedrwch chi ddim dweud 'Bywiais yn Nhreorci', rhaid dweud:

'Fues i'n byw yn Nhreorci.'

Ac yn yr un modd, 'Pryd fuodd o farw?' sy'n gywir – ond weithiau mi wnewch chi glywed pobl yn dweud:

'Pryd farwodd o?'

Nid rhywbeth diweddar mo hyn. Rhyw ddau gan mlynedd yn ôl, wrth gyfeirio at Goronwy Owen, sgwennodd Dafydd Ddu Eryri y geiriau hyn:

'Bu fyw mewn dinodedd, a **marwodd** yn ddiarwybod ar gyfandir yr Amerig.'

Athro beirdd oedd Dafydd Ddu Eryri, ond sylwer, er iddo ddefnyddio 'bu fyw', 'marwodd' sgwennodd o wedyn yn lle 'bu farw.' Twt twt!

Wel, mae'n amser tynnu pethau tua'r terfyn, felly cyn i'r

bennod 'ma ddechrau **'marw ar ei thraed'**, a chyn bod neb
ohonoch chi'n dechrau teimlo'ch bod chi **'bron â marw'** eisiau
stopio darllen, rhown ni'r gair olaf ynglŷn â marw i T.H. Parry-
Williams, a'r llinellau **anfarwol** hyn:

'... *ni wnawn, wrth ffoi am byth o'n ffwdan ffôl,
ond llithro i'r llonyddwch mawr yn ôl.*'

21. LLAW

*Llun: Pedwar bys a bawd –
byddai llaw yn edrych yn reit
od, petai un ohonynt ar goll.
Ond mae'r gair 'llaw' wedi
colli rhan o'i hun yn ystod ei
hanes; nid tair llythyren oedd
gan llaw yn wreiddiol, ond
pedair...*

Mae'r nofel 'O Law i Law' gan T. Rowland Hughes yn disgrifio'r broses o chwalu'r hen gartre' ar ôl marwolaeth ei fam, gyda thrugareddau'r tŷ – y mangl, y dodrefn ac yn y blaen, yn cael eu gwerthu **o law i law**. Cyhoeddwyd y llyfr yn 1943, ond petai T. Rowland Hughes wedi bod yn ysgrifennu rhyw fil a mwy o flynyddoedd ynghynt, byddai'r prif gymeriad wedi bod yn gwerthu 'o lawf i lawf', gan nad **'llaw'** oedd y gair gwreiddiol, ond **'llawf'**.

Lámh (ynganer 'lâf') yw'r gair cyfatebol yn y Wyddeleg hyd heddiw, ac er mai prin yw'r enghreifftiau o'r ffurf 'llawf' mewn Hen Gymraeg, mae wedi goroesi mewn Cymraeg cyfoes fel rhan o'r gair 'llofrudd' – mae **'llofrudd'** yn rhywun sydd â 'llawf' 'rudd' – hynny yw, 'llaw' sy'n 'rudd', neu'n goch, gan waed.

Mae'r llythyren 'f' ar ddiwedd gair yn diflannu'n aml ar lafar yn y Gymraeg – mae **'uchaf, llif, ogof'** i gyd yn cael eu hynganu'n aml fel **'ucha', lli', ogo'**, ond am ei bod yng nghanol y gair, mae'r 'f' wedi aros yn 'llofrudd'.

Nid yw pob ymadrodd sy'n cynnwys y gair 'llaw' mor

anghynnes â'r enghraifft ddiwethaf. Mae modd **'troi llaw'** at gant a mil o wahanol dasgau mwy buddiol a phleserus, ac mae'r amrywiaeth o ymadroddion yn y Gymraeg sy'n cynnwys y gair 'llaw' yn adlewyrchu hynny. Un o'r pethau mwyaf sylfaenol y gall dyn wneud â'i law yw ei fwydo'i hun; ond os yw pobl yn **'byw o'r llaw i'r genau'**, mae pethau'n fain arnynt, a hwythau heb ddim wrth gefn – mae unrhyw fwyd a ddaw i law yn mynd yn syth i'r geg, neu'r genau.

Defnyddiwn y llaw i gyfarch ein gilydd. Os ydi rhywun yn **'estyn deheulaw cymdeithas'**, maen nhw'n ysgwyd eich llaw i'ch croesawu chi. Mae rhai yn gwneud hynny mewn ffordd mor frwdfrydig, nes eu bod nhw'n **'ysgwyd llaw at y penelin'**, neu'n waeth byth, fel dywedodd un hen ferch, maen nhw'n **'ysgwyd eich llaw chi nes ma'ch sanna chi'n dwad i lawr!'**

Os gwelwn rywun o bell, 'dan ni'n **codi llaw**, er mwyn eu cyfarch nhw, ond defnyddiwn yr ymadrodd 'codi llaw' weithiau yn y ffordd yma:

'Pleidleisiodd y cyfarfod drwy godi llaw.'

Pan fyddwn ni'n gallu ateb cwestiwn yn y dosbarth, mi fydd yr athro'n gofyn i ni roi **'llaw i fyny'** yn hytrach na gweiddi allan. Os yw'r athro'n beirniadu'n gwaith ni wedyn, gobeithio wnawn ni na fydd yn rhy **lawdrwm**. Daw'r ymadrodd yna o'r cyfnod pan fyddai athro yn cosbi'n gorfforol – ar adegau felly, byddai faint o bwysau oedd tu ôl i'r llaw yn gallu gwneud tipyn o wahaniaeth!

Mae 'llaw' yn gallu disgrifio pa mor fedrus ydi rhywun wrth gyflawni rhyw dasg neu'i gilydd:

*'Ma' ganddi hi **law drom** braidd ar y piano 'na.'*

Os dywedwn fod rhywun wedi **'colli'i law'** ar wneud rhwybeth, mae'n nhw allan o'r arfer, ond os ydi rhywun, ar y llaw arall, yn **'hen law'** am wneud rhywbeth, maen nhw'n brofiadol iawn:

*'Mae hi'n **hen law** ar 'neud cacennau.'*

Defnyddir 'llaw' weithiau i olygu gweithiwr. Lluosog arferol 'llaw' yw **'dwylo'** (gweler t.144) ond yn y cyswllt yma byddwn yn cyfeirio at **'lawiau'**. Gan fod cydweithwyr yn aml yn tynnu 'mlaen yn dda hefo'i gilydd, os dywedwn ni eu bod yn 'dipyn o **lawiau'**, mae'n ffordd o ddweud eu bod nhw'n dipyn o ffrindiau. Os ydyn nhw'n fachgen a merch efallai y byddan nhw'n cerdded o gwmpas **'law yn llaw'** â'i gilydd. Yng Ngheredigion, os cyfeirir at blentyn yn gafael yn llaw rhiant, dywedir ei fod **'yn llaw'** ei fam neu'i dad:

*'Es i lawr at y beudy **yn llaw** fy nhad.'*

Caiff 'llaw' hefyd ei ddefnyddio weithiau i ddynodi cyfeiriad neu safle rhywbeth. Naturiol oedd dweud fod rhywbeth **ar y llaw dde** neu'r llaw chwith, ond daeth yn ymadrodd mwy cyffredinol wedyn, er enghraifft:

'Roedd y gelyn ar bob llaw.'

Yn yr un modd, ystyr gwreiddiol **'wrth law'** neu **'gerllaw'** oedd rhywbeth oedd o fewn cyrraedd unigolyn, rhywbeth yr oedd modd estyn ato – ond mae hwn hefyd wedi mynd yn ymadrodd mwy cyffredinol fel yn Salm 23:

*'Efe a wna imi orwedd mewn porfeydd gwelltog, efe a'm tywys **gerllaw**'r dyfroedd tawel.'*

Gobeithio fod y bennod hon wedi bod yn ddigon **'llawagored'** neu hael efo'i henghreifftiau, ond fel yr oeddwn i wedi amau **'o flaen llaw'**, doedd dim modd trafod pob dim. Yn anffodus, nid yw'r gallu i ymestyn yr amser **'ar fy llaw'**, felly rhaid cyhoeddi fod diwedd y bennod yma bellach **'gerllaw'**.

22. TEILIWR

Llun: Cofeb Daniel Owen, y nofelydd enwog o'r Wyddgrug – ond teiliwr oedd o, o ran ei alwedigaeth...

Rhyw 40,000 o flynyddoedd yn ôl, y dyfeisiwyd y **nodwydd** gyntaf (neu 'nedwydd' fel bydd llawer yn ei ddweud yn y Gorllewin), ac wedyn roedd ein cyndadau yn gallu gwnïo darnau o groen am y tro cyntaf, i wneud iddyn nhw ffitio'n well, a chadw eu hunain yn gynnes.

Ond bu'n rhaid aros am filoedd o flynyddoedd wedyn, cyn bod sôn am **deiliwr**. Mae 'na sawl cyfeiriad at wnïo, cofiwch, mewn hen destunau canoloesol Cymraeg. Yn y *Mabinogi* 'dan ni'n cael hanes Manawydan a Pryderi yn gwnïo esgidiau, ac yn y cyfreithiau Cymreig, cofnodwyd:

'*Tair **nodwydd** gyfreithiol sydd: nodwydd gweinigiol y frenhines; a nodwydd y meddyg i wnïo gwelioedd; a nodwydd y pencynydd i wnïo y cŵn rhwygedig.*'

'Gweinigiol y frenhines' oedd ei morwyn, a rhan o'i gwaith yn gweini ar y frenhines oedd gwneud ei dillad. Roedd meddyg yn 'gwnïo gwelioedd' neu glwyfau gwaedlyd, tra bod pencynydd (y dyn oedd yn gwarchod cŵn hela'r brenin) yn gwneud rhywbeth tebyg os oedd y cŵn wedi cael eu rhwygo gan fleiddiaid neu gyrn carw.

Mae'r sôn cyntaf am deiliwr yn Gymraeg, mewn achos llys yng Nghaernarfon yn 1368 pan oedd Gwilym Deiliwr o flaen ei well. Mae 'teiliwr' wedi'i fenthyg, mae'n debyg, o'r gair Ffrangeg *tailleur*, a tydi hi ddim yn syndod mai yng Nghaernarfon y mae'r gair 'teiliwr' yn cael ei gofnodi gyntaf, oherwydd mewn trefi caerog fel hon yr oedd dylanwad y Normaniaid ar ei drymaf yn y blynyddoedd ar ôl y goncwest. Mae sawl gair wedi ei fenthyg o'r Ffrangeg yn ystod y cyfnod hwn: '**twr**', '**twrnamaint**', '**harnais**', a '**cwarel**', sef darn o wydr mewn ffenest.

Hefo rhai o'r geiriau hyn, fedrwn ni ddim bod yn hollol sicr a ddaethan nhw'n <u>syth</u> o Ffrangeg Normanaidd i'r Gymraeg, ynteu a gawson nhw eu benthyg i'r Saesneg yn gyntaf ac <u>yna</u> cael eu trosglwyddo i'n hiaith ni. Ydy 'teiliwr' yn dod o *tailleur* ynteu o *tailor*? Beth bynnag am hynny, yn y pen draw mae'r gair yn dod o'r Lladin *taliare* sy'n golygu torri; a thorri ei ddefnydd oedd un o orchwylion cynta'r teiliwr wrth ddechrau ar ei waith.

Mae'r teiliwr yma'n Llundain yn gyfarwydd a tharddiad Lladin yr enw!

O'r cychwyn, roedd parch at waith y teiliwr gan gymdeithas. Pan luniodd Iolo Goch farwnad i Dafydd ap Gwilym yn y bedwaredd ganrif ar ddeg, fe'i ddisgrifiodd fel hyn:

'A **thaeliwr** *serch i ferch fu/ A thelyn llys i'w theulu.*'

Roedd Dafydd, yn ôl Iolo, yn gallu trafod serch mor gelfydd â theiliwr. Roedd hynny'n glod i Dafydd, ac i grefft y teiliwr hefyd, ac mae 'na dinc digon clodforus yn y sôn am y teiliwr yn y rhigwm nesaf hefyd:

'*Amcan saer a mesur **teiliwr**
modfedd go' a rhwsut labrwr.*'

Ond doedd y teiliwr ddim bob tro'n cael ei ganmol. Yn y bedwaredd ganrif ar bymtheg, byddai'n aml yn teithio o fferm i fferm ac yn aros yno dros dro, tra'n gweithio ar set o ddillad newydd i'r teulu. Byddai'r gweision ar y fferm yn eiddigeddu wrth y teiliwr os oedd perchennog y fferm yn rhoi gwell bwyd iddo, fel mae'r pennill hwn yn awgrymu:

'*Lwmp o facwn melys bras
i fi a'r gwas a'r garddwr.
Hwyaden a phys gleision neis
a phwdin reis i'r **teiliwr**.*'

Roedd 'na gred mai bechgyn eiddil esgyrnog oedd yn tueddu i fynd yn deilwriaid. Dyna'r rheswm, mae'n debyg, am alw **pry teiliwr** ar '*daddy long legs*' am fod ganddynt hwythau hefyd goesau main a hir. Efallai fod y gwragedd fferm yn teimlo fod angen rhoi bach o faldod i'r teiliwr druan a dyna'r rheswm am roi bwyd gwell iddo, waeth faint oedd hynny'n gwylltio'r gweision eraill. Camgymeriad mawr oedd hynny yng ngolwg Eirwyn Pontshan:

'*Na roddwch fwyd cloddiwr i **deiliwr**, rhag iddo ymgryfhau a thorri'r edau.*'

Mae'n debyg mai rhyw awydd cyffelyb i wneud sbort am ben y teiliwr main sydd tu ôl i alw rhai mathau o lindys yn '**deiliwr blewog**', a '**teiliwr cantroed**'. Mae 'na aderyn o'r enw '**teiliwr penddu**' tra bo '**teiliwr Llundain**' yn enw arall ar y peneuryn neu'r '*goldfinch*' yn Saesneg.

Ond os trown yn ôl at waith y teiliwr go iawn cyn cloi, ei brif waith fyddai gwnïo neu bwytho. Mae'r gair '**pwyth**' yn dod o'r Lladin '*punctum*' sydd wedi rhoi'r gair '*puncture*' yn Saesneg. Pan 'dan ni'n sôn am '**roi'r pwyth i rhywun**' 'dan ni'n sôn am roi pigiad geiriol iddyn nhw, ond roedd 'pwyth' erstalwm yn gallu golygu 'taliad' hefyd, neu ad-dalu cymwynas, fel yn y llythyr hwn gan Goronwy Owen yn y 18[fed] ganrif:

'*... odid y daw fyth ar fy llaw i dalu'r **pwyth** i chwi am eich caredigrwydd.*'

Weithiau mae'n cael ei ddefnyddio yn yr ystyr o dalu nôl i rywun am dro gwael, yn hytrach na thro da; hynny yw, dial arnyn nhw. Ac yn hynny o beth, mae'n siwr nad ydan ni wedi dysgu llawer ers i'n cyndadau godi'r nodwydd gyntaf dros 40 mil o flynyddoedd yn ôl.

Ond cofiwch nad ydy talu'r pwyth yn ôl i rhywun yn gorfod bod yn beth negyddol. Buasai'n braf meddwl fod dynoliaeth wedi dysgu hynny, o leia'.

23. SADIO

Llun: Mae lloiau sydd newydd eu geni, yn bethau digon ansad ar eu traed – ond mae'r rhain yn y llun wedi sadio'n reit dda erbyn hyn.

Bydd pobl yn cwyno weithiau ein bod ni'n defnyddio gormod o Saesneg mewn Cymraeg diweddar, ond nid rhywbeth diweddar ydi menthyg geiriau i'r Gymraeg. Faint o'r geiriau canlynol ydych chi'n meddwl sydd wedi eu menthyg i'r Gymraeg o iaith arall – **'pen'**, **'cawl'**, **'brechdan'**, **'twr'** a **'sadio'**?

Efallai eich bod wedi dyfalu un neu ddau, ond mewn gwirionedd, 'pen' yw'r unig air sydd wedi bod yn y Gymraeg o'r cychwyn. Mae pob un o'r lleill wedi'u menthyg – 'cawl' yn dod o'r Lladin, 'brechdan' o'r Wyddeleg, 'twr' o'r Ffrangeg, ac mae 'sadio' yn dod o'r Saesneg.

Mae'r Cymry wedi bod yn menthyg geiriau o ieithoedd eraill ers dros fil a hanner o flynyddoedd felly – ond ers faint tybed 'dan ni wedi bod yn menthyg o'r Saesneg? Y gwir amdani yw ein bod ni wedi bod yn menthyg geiriau o'r Saesneg ers o leia chwe chan mlynedd. Roedd y bardd Dafydd ap Gwilym a'i gyfoedion yn defnyddio tipyn o eiriau Saeneg yn rhai o'u cywyddau.

Er enghraifft, dyma gwpled o gywydd i'r cloc:

'Cloc anfwyn mal clec ynfyd
Cobler brwysg, cabler ei bryd.'

Mae'r geiriau **'cloc'** a **'cobler'** wedi'u menthyg o'r Saesneg, ac hefyd **'clec'** o'r gair Saesneg *clack*.

Fel y gwelwn ni hefo'r gair 'clec' yn fanno, weithiau roedd geiriau'n newid wrth gael eu mabwysiadu i'r Gymraeg. 'Dan ni'n sôn am ddrws yn cau hefo **'clep'**, nid *'clap'*, sydd efallai'n adlewyrchu sut oedd geiriau'n cael eu seinio gan y Saeson, pan glywyd nhw gynta' gan y Cymry:

*'Awfully nice ch**e**p'*

fydd Saeson posh yn ei ddweud hyd heddiw, nid

*'awfully nice ch**a**p.'*

Weithiau wrth fenthyg o'r Saesneg, 'dan ni'n cadw ynganiad gwreiddiol, er iddo newid wedyn mewn Saesneg diweddarach. Pan glywodd y Cymry y gair **'sialc'** gynta gan y Saeson, mae'n rhaid mai *chalk* hefo 'a' 'fer oedden nhw'n ei ddweud, achos dyna 'dan ni wedi'i gopïo. Er bod yr hen Gymry'n cael trafferth dweud 'ch' (ac mi gafodd hwnnw ei droi'n 'sh'), mae'r 'l' yn 'sialc' i'w glywed yn glir. Tua cyfnod Shakespeare y dechreuodd y Saeson beidio ag ynganu'r 'l' yn *chalk* – felly 'dan ni'n gwybod fod y gair wedi'i fenthyg i'r Gymraeg mewn cyfnod cynharach na hynny.

Sain arall sydd wedi diflannu o'r Saesneg ond ei chadw'n y Gymraeg yw'r 'c' mewn geiriau fel **'cnaf'** a **'cnocio'**. Mae'r geiriau Saesneg *knave* a *knock* yn dal i gael eu sillafu hefo 'k', er bod y Saeson wedi stopio dweud *knave* a *knock* ers yr ail ganrif ar bymtheg. Unwaith eto, dyma brawf fod y geiriau hyn wedi'u menthyg i'r Gymraeg mewn cyfnod cynharach. Yn wir, mae'r gair 'cnaf' i'w weld yn Llyfr Coch Hergest, a ysgrifennwyd tua 1400, ac mae sôn am **'gnocio**'r drws' yn un o gerddi Dafydd ap Gwilym o'r ganrif cyn hynny.

Ac os yw'r Gymraeg weithiau'n cadw hen ffyrdd o ynganu sydd wedi eu colli mewn Saesneg cyfoes, weithiau mae'r Gymraeg yn cadw hen ystyron hefyd, a dyna sydd gynnon ni hefo'r geiriau **'sadio'** a **'sad'**.

Mewn Saesneg cyfoes mae 'sad' yn golygu trist. Yn y Gymraeg, ar y llaw arall, mae 'sad' yn golygu rhywun cadarn, solat a dibynadwy – a dyna oedd yr ystyr gwreiddiol yn Saesneg. Dim ond wedyn y datblygodd y syniad y gallai rhywun pwyllog a difrifol hefyd fod yn drist, a'r ystyr yna a gymerodd drosodd yn y Saesneg.

Yn y Gymraeg, 'dan ni wedi glynu at yr hen ystyr – efallai am ein bod ni'n sadiach pobl!

Mae 'sad' yn gallu cyfeirio at bethau hefyd. Yn ôl un bardd anhysbys:

'Ond gweld yr ydwyf ar bob adeg,
*Mae **sadia'r** mur po garwa'r garreg.'*

Hynny yw, mae cerrig garw yn cloi hefo'i gilydd yn well, i greu wal fwy solat. Yn yr un ystyr, mae modd 'sadio' bwrdd mewn tafarn drwy osod mat cwrw dan un o'r coesau.

Ond gan ein bod ni'n trafod 'sadio', basa'n well peidio sôn mwy am y dafarn a gorffen hefo'r pennill hwn o gasgliad Dafydd Jones o'r ddeunawfed ganrif:

'Ac yno mi a Settlais
Mewn mwynder i 'mendiais,
*Fy mennydd yn **sadio***
A Duw a'i Cynhalio.'

24. Sais

Llun: Sais fyddai'r enw ar siswrn mewn rhai ardaloedd yng Ngheredigion erstalwm. Cawsom sawl enghraifft eisoes o ddylanwad y Saesneg ar ein hiaith ni – ond beth am y gair 'Sais'?

Os chwiliwch am '**Sais**' yn *Google* cewch pob math o atebion annisgwyl. Gall fod yn acronym am y *Scottish Avalanche Information Service*; mae'n enw ar hen dref yn yr Aifft; ac mae hefyd yn air Hindustani i ddisgrifio'r gwas sy'n gofalu am y ceffylau.

Yma yng Nghymru, mae '**Sais**' yn air sydd wedi tarddu o'r Lladin *Saxo*, a'r ffurf luosog **Saeson** wedi dod o'r Lladin *Saxŏnes*. Yn wreiddiol, roedd yn disgrifio llwyth o ganol yr Almaen, ardal sy'n cael ei hadnabod hyd heddiw fel Sachsen; dyma gartref gwreiddiol y Saeson.

Erbyn heddiw, mae'n disgrifio brodor o Loegr, rhywun sydd o dras neu genedligrwydd Seisnig, ond mae'r gair hefyd wedi dod i ddisgrifio pob math o bethau yn ein hiaith lafar. Yng Ngheredigion mae 'na sôn am '**gwlwm Sais**', sef math o gwlwm newydd a ddysgwyd gan y Cymry oedd wedi bod dros y ffin i Loegr i weithio. Gair arall o Geredigion oedd '**gwenith Sais**', enw am y mathau o wenith yr oedd rhaid eu hau mewn tir da. Cofiwch, ceir rhai defnyddiau llai caredig o'r gair hefyd – bydd rhai'n galw siswrn yn '**Sais**', ac eraill yn defnyddio '**y Saesnes**' i ddisgrifio'r bladur, dau wrthrych miniog sy'n torri!

Nid ni yw'r unig genedl sydd yn byw drws nesaf i Loegr ac yn siarad iaith wahanol. Tybed beth mae'n cefndryd Celtaidd ni'n galw'r Saeson, a'r wlad maen nhw'n byw ynddi?

I'r Gwyddelod, *Sasana* yw enw'r wlad, a *Sasanach* yw un sy'n byw yno – eto dan ddylanwad y gair Lladin *Saxŏnes* – ond *Béarla* mae'n nhw'n galw iaith y *Sasanach*, gair a all olygu 'iaith annealladwy'.

I'r Cernywiaid, *Zowzon* yw'r bobl, a *Sowsnek* mae'n nhw'n siarad, ond *Pow Sows* yw eu gwlad nhw. Mae *Pow* yn golygu 'gwlad', sef yr un gair a ganwn tua diwedd ein hanthem genedlaethol – 'Tra môr yn fur i'r bur hoff <u>bau</u>'. Mae '**pau**' yn y llinell honno, fel '*pow*' y Cernywiaid, yn golygu 'gwlad'.

Gwelwn y geiriau 'Sais' a 'Saeson' yn elfen mewn sawl enw lle – mae yna **Bontarsais** ger Caerfyrddin, a sawl **Rhyd y Saeson** i'w cael hefyd. Canodd Geraint Jarman am **Gae'r Saeson**, sef lle cynhaliwyd gigs Cymdeithas yr Iaith yn ystod Eisteddfod Caernarfon yn 1979:

'*Mae 'na rywbeth yn mynd ymlaen*
Yng Nghae'r Saeson...'

Nid yw'r enwau hyn o reidrwydd yn golygu fod Saeson wedi bod yn byw ar hyd Cymru, yn rhai o rannau Cymreiciaf ein gwlad. Dengys cofnodion cynharaf yr Oesoedd Canol fod yna **Einion Sais** ym Mrycheiniog, sef Cymro oedd yn medru siarad Saesneg, a bod 'na **Gwilym Sais** yn y llys yng Nghaernarfon, er efallai mai cyfiethydd oedd o. **Elidir Sais** oedd enw un o feirdd y tywysogion, a gallwn fentro nad Sais o waed mo hwnnw chwaith.

Cyfeirio at y gallu i siarad Saesneg oedd Daniel Owen hefyd wrth ddefnyddio'r gair yn ei nofel 'Rhys Lewis':

'*Yr oeddwn yn sicr fy mod yn amgenach* **Sais** *nac o, ac yn gwybod mwy am 'the way of the world.'*

'Dan ni'n gweld olion o'r un peth heddiw, pan fyddwn yn dweud pethau fel:

'*Dos di i ofyn – ti'n well* **Sais** *na fi!*'

Ond gadewch i ni gloi drwy drafod y gwahaniaeth rhwng 'Sais', sy'n aml yn berson digon hoffus a dymunol, a '**rêl Sais**'. Mae'r ansoddair 'rêl' yn un pwysig, un sy'n dynodi fod y person a ddisgrifir yn rhyw fath o *John Bull* cartwnaidd, yn meddwl mai fo sydd biau'r byd:

'*Oni'n gyrru ar hyd y lôn gefn gynna', a ddoth na ryw Land Rover fawr i 'nghyfarfod i, a gwrthod yn lân a bagio nôl, er fod ganddo fo fwy o le –* **rêl Sais!**'

Ond, mae'n rhaid fod y Saeson yn gwneud rhywbeth yn iawn, neu fasa' Huw Jones ddim wedi 'sgwennu'r gân enwog yma:

'*Dwi isio bod yn Sais*
O, dwi isio bod yn Sais,
Mae Cymru wedi cael ei dydd,
Dwi isio bod yn Sais.'

25. ECHDOE

Llun: Pafin yn ymyl Plas yn Rhiw, ym mhen Llŷn. Mae'r dull hwn o greu palmant yn perthyn i ddoe bellach – os nad echdoe!

Er bod y rhan fwyaf ohonon ni yn eithaf dwyieithog erbyn hyn, mae 'na rai geiriau Cymraeg nad oes modd eu cyfieithu'n hawdd i'r Saesneg. Yr enghraifft enwocaf efallai yw **'hiraeth'**, ond mae **'echdoe'** yn un arall.

'Ond mae hynna'n ddigon hawdd i'w gyfieithu,' meddech chi – *'the day before yesterday!'*

Wel, ie, ond rhaid defnyddio pedwar gair Saesneg, lle mae'r Gymraeg yn gallu cyfleu'r cyfan mewn un.

*'Ddoe, neu **echdoe**, roedd ein tadau cyn wyched gwŷr a ninnau.'*

Geiriau John Morgan yn fanna o 1716, ac mae'r gair 'echdoe' i'w gael mor bell yn ôl a'r Mabinogi hefyd. Ond o le daw'r **'ech'** yn 'echdoe'? Mae'n debyg fod 'ech' yn dod o'r gair Lladin *ex*, sy'n golygu 'allan'. Lle i fynd allan yw *exit*; mae *ex*hume yn golygu palu rhywun i fyny, allan o'r *humus* neu'r ddaear; ac yn y blaen.

Yn y Gymraeg, mae 'ech' hefyd i'w weld yn **'echblyg'** sef ein gair ni am *explicit*, a phan fo deintydd yn **'echdynnu'** dant, mae'n ei dynnu allan. Felly mae 'echdoe' yn llythrennol yn golygu 'allan o ddoe', tu hwnt i ddoe, hynny yw y diwrnod cynt. Ac yn yr un modd, mae gennym **'echnos'** am y noson cyn neithiwr:

'Uchel yr wyf yn ochi,
Echnos y bu hirnos hi,'

meddai Dafydd ap Gwilym, ond nid peth unigryw i'r Gymraeg yw geiriau fel hyn. Mae'r Almaeneg hefyd hefo un gair sy'n cyfleu 'echdoe', sef *vorgestern*; yn llythrennol, 'cyn-ddoe'. Ac yn yr un modd, mae gan yr Almaenwyr air am 'y diwrnod ar ôl fory', sef *übermorgen*, neu yn llythrennol, 'dros yfory'.

Roedd gan y Saeson eu geiriau eu hunain am yr un pethau erstalwm – *ereyesterday* oedd echdoe ac *overmorrow* oedd y diwrnod ar ôl yfory, ond mae'r ffurfiau hyn heb eu defnyddio ryw lawer ers y bymthegfed ganrif.

'Llongau'n hwylio draw a llongau'n canlyn,
Heddiw, fory, ac yfory wedyn.'

"Fory ac yfory wedyn" meddai geiriau *Llongau Caernarfon* gan J. Glyn Davies, ond mae 'na sawl gair ar gael yn y Gymraeg sy'n ein galluogi ni i drafod y dyfodol agos yn fwy manwl na hynny.

'Yfory' yw'r diwrnod ar ôl heddiw, **'trennydd'** yw'r diwrnod ar ôl yfory, a **'tradwy'** yw'r diwrnod ar ôl hynny wedyn.

Ganol y bymthegfed ganrif , roedd y bardd Tudur Penllyn yn ceisio dwyn perswâd ar ei geffyl i'w ddanfon i wledd briodas ym Môn, lle roedd arian nawdd mawr yn aros amdano, neu *'mwnai fraig'*, chwedl Tudur – ond dim ond os llwyddai i gyrraedd y **'neithior'** neu barti'r briodas, er mwyn canu'i gân wrth gwrs:

'Y mae neithior **yfory**,
A mwnai fraig ym Môn fry,
A'r ail, **drennydd**, a fydd fwy,
A'r drydedd neithior, **dradwy**.'

'Neithior' oedd yn para am dri diwrnod – roeddan nhw'n gwybod sut i fwynhau eu hunain ym Môn erstalwm!

Mae'n bosib nad ydi 'trennydd' a 'tradwy' yn eiriau sydd ar flaen tafodau Cymry Cymraeg heddiw, ond mae'n ddiddorol fod yr hen Gymru wedi teimlo angen am y geiriau hyn. Mae eu hawydd i ddiffinio'r gorffennol agos a'r dyfodol agos mewn perthynas â'u heddiw yn awgrymu eu bod nhw wedi'u gwreiddio fwy yn eu presennol. Ydan ni fel Cymry yn dal i fyw yn y foment?

Gobeithio ein bod ni. Felly, wna'i ddim alarnadu'n ormodol os yw 'trennydd' a 'thradwy' yn cilio o'r iaith lafar – wedi'r cyfan, '**ddaw i neb ei ddoe yn ôl**', a chofiwch, i ninnau, ac i'r iaith Gymraeg ei hun, mae '**yfory heb ei dwtsiad**'.

26. WEDI

Llun: Cloc y gegin. Ychydig eiliadau wedi'r munud, ac ychydig munudau wedi'r awr. Ond dros ganrifoedd o amser, mae'r gair 'wedi' ei hun, wedi newid tipyn...

Un o eiriau bach yr iaith yw '**wedi**', ond mae llawer heddiw'n benderfynol o'i wneud o'n llai fyth!

Tybed sut fyddwch chi'n sillafu'r gair wrth decsdio? Er mai 'w-e-d-i' fydd rhai'n ddefnyddio, bydd eraill yn bodloni ar sgwennu 'di', a rhai'n sgwennu'r llythyren 'd' ar ei phen ei hun. Mae rhai yn twt-twtian yn ofnadwy am hyn ac yn cwyno fod "pethau'n mynd yn rhy bell," ond y gwir amdani yw ei bod hi'n berffaith naturiol gwneud geiriau'n fyrrach wrth siarad.

Mae rhywbeth fel 'yr oedd ef yn mynd' yn troi'n naturiol yn '**roedd e'n mynd**', ac mae 'dwi ddim yn gwybod' yn gallu troi yn '**mbo**'.

Mae 'wedi', fel y gwelson ni, yn gallu troi'n '**d**', ond y sioc efallai i'r rhai sy'n credu na ddylid byrhau gair fel 'wedi', yw dysgu fod 'wedi' yn ffurf dalfyredig ei hun...

Yng Nghaerlwytgoed, neu Lichfield, yng nghanolbarth Lloegr mae 'na hen lawysgrif Lladin o'r wythfed ganrif. Mae'n rhaid fod y llawysgrif hon wedi cael ei chadw yng Nghymru ar ryw adeg yn ei hanes, gan fod rhywun wedi cofnodi, ar ymyl un o'r tudalennau, fanylion am ryw ffrae ynglŷn â pherchnogaeth darn o dir, a hynny mewn Cymraeg. Cyfeiriwyd at hwn eisioes gennym gan mai hwn yw un o'r cofnodion cynharaf o Gymraeg ysgrifenedig, ac mae'r gair 'wedi' yn ymddangos ynddo. Ond yn y cyfnod hwnnw, nid 'wedi' oeddyn nhw'n sgwennu, ond '**gwedig**'. Felly, cyn i ni gwyno na ddylid ddweud 'di' yn lle 'wedi', mae ond yn deg i ni gofio fod y gair wedi ei gwtogi sawl gwaith yn barod!

Y 'g' ar y diwedd aeth gyntaf, ac yna'r 'g' ar y dechrau, ond parhaodd y ffurf '**gwedi**' tan ddiwedd y ddeunawfed ganrif o leiaf:

'*Yr oeddwn **gwedi** darllen mewn llyfr*'

meddai un awdur yn 1792. Mae hyn yn dangos pa mor geidwadol y gallwn fod weithiau wrth sgwennu Cymraeg, gan fod y ffurf 'wedi' heb y 'g' wedi datblygu bron i fil o flynyddoedd ynghynt, fel y clywn ni yn y gerdd adnabyddus hon o'r nawfed ganrif:

'*Stafell Gynddylan ys tywyll heno*
heb dân, heb wely;
wylaf wers, tawaf wedy'.

'Mi gria'i am sbel fach, mi dawaf wedyn' yw ystyr y llinell olaf yn fanno – ond sylwch, mae '**wedy**' yn cael ei ddefnyddio'n fanna lle basen ni'n disgwyl '**wedyn**' heddiw – 'Wylaf wers, tawaf **wedyn**' fasen ni'n ei ddweud.

Parhaodd y defnydd arall 'ma o 'wedi', yn golygu 'wedyn', am ganrifoedd ar ôl hynny. Yn 1759 mewn llyfr oedd yn rhoi cyngor meddygol i'r Cymry, sgwennodd yr awdur John Evans:

"*Os daw Ffit **wedi**, arferwch Blaster newydd.*"

"Os ddaw ffit **wedyn**" basen ni'n dweud yn y cyd-destun yma heddiw, ac mae 'wedyn' yn dod o'r geiriau 'wedi hyn' – y ddau wedi toddi i'w gilydd i ffurfio gair newydd.

Un o'r rhesymau pam fod 'wedi' yn air mor gyffredin yn y Gymraeg yw oherwydd iddo ddatblygu'n ffordd hwylus o fynegi fod rhywbeth yn y gorffennol, **'wedi bod'**, neu **'wedi mynd'**. Mae 'wedi' yn air sy'n ein dilyn ni ar hyd ein oes; **wedi** i ni gael ein geni, bydd pobl yn dweud ein bod ni **'wedi** prifio', **'wedi** cael coleg' efallai, **'wedi** priodi', **'wedi** cael plant'... ac wedyn wrth heneiddio, efallai y byddwn ni **'wedi** torri', ac yna bydd hi **'wedi canu'** arnon ni a byddwn ni **'wedi went'**.

Nid mod i am godi'r felan ar neb – jest mod i am ddangos pa mor bwysig yw gair fel 'wedi' o fewn yr iaith. Mae ymchwil yn mynd 'mlaen ar hyn o bryd i gyfri pa eiriau sy'n digwydd amla' wrth i ni siarad Cymraeg. Y pedwar mwya' cyffredin mewn Saesneg llafar yw *I*, *you*, *the* ac *and*. Tebyg fod **'fi'**, **'ti'**, **'y'** ac **'ac'** yr un mor amlwg yn y Gymraeg – ond mi fentra'i hefyd na fydd **'wedi'** yn bell ar eu holau.

27. OMB

Llun: Neges destun.
Dyma gyfrwng diweddar lle
mae wedi dod yn fwy derbyniol
nac erioed i dalfyrru geiriau.

Nôl yn yr wythdegau, canodd Y Cyrff na fydden nhw byth yn gwerthu allan i'r **'BBC'** a **'HTV'**. Mae ein byd ni heddiw yn llawn talfyriadau tebyg, a llawer iawn ohonyn nhw'n tarddu o'r Saesneg. Tueddu i sôn am yr **'NHS'** a'r **'WRU'** wnawn ni, yn hytrach na'r **'GIG'** (y **G**wasanaeth **I**echyd **G**enedlaethol), neu'r **'URC'**, (sef **U**ndeb **R**ygbi **C**ymru), ond mae 'na nifer o dalfyrriadau ac acronymau Cymraeg sydd i'w clywed yn yr iaith lafar.

Y mwyaf adnabyddus efallai yw **'S4C'**. Ym myd addysg wedyn mae gynnon ni **'UCAC'**, (Undeb Cenedlaethol Athrawon Cymru), sy'n paratoi plant ar gyfer arholiadau **'TGAU'**, (Tystysgrif Genedlaethol Addysg Uwchradd), a'r arholiadau hynny'n cael eu gosod gan **'CBAC'**, (Cyd-bwyllgor Addysg Cymru).

Mae talfyriadau yn gallu arbed amser ac arian ar arwyddion Cymru. Faint yn fwy o baent fyddai ei angen i sgwennu 'Llanarmon Dyffryn Ceiriog' ymhob man, yn hytrach na **'Llanarmon DC'**? Heb sôn wrth gwrs am yr enwog **'Llanfair PG'** yn Ynys Môn! Ond os nad ydach chi'n dod o'r ardal berthnasol, mae'n debyg fod rhai o'r enwau llawn 'ma'n ddigon anghyfarwydd – felly dyma wibdaith sydyn o gwmpas Cymru i'ch goleuo chi ynglŷn â'r hyn sydd tu ôl i'r talfyriad:

- Llanfair TH ger Abergele – Llanfair Talhaearn
- Llanbedr DC ger Rhuthun – Llanbedr Dyffryn Clwyd
- Llanrhaeadr YM – Llanrhaeadr ym Mochnant
- Llanrhaeadr YG ger Dinbych – Llanrhaeadr yng Nghinmeirch
- GCG – Gwauncaegurwen

Ac wrth drafod enwau llefydd, mae 'na un talfyrriad Cymraeg sy'n unigryw i Gymraeg yr Unol Daleithiau. Rhai blynyddoedd yn ôl, ro'n i'n ffilmio mewn mynwent capel a sefydlwyd gan y Cymry yn Ohio, dros ganrif a hanner ynghynt, pan sylwais i ar garreg fedd oedd yn dweud 'Er cof am Thomas Hughes Tregaron DC'. Gofynnais i a oedd o wedi bod yn byw yn Washington DC hefyd?

'O *na*,' oedd yr ateb ges i, '*DC ydi De Cymru.*' Ac yn yr un modd, gwelir erthyglau newyddiadurol Cymraeg o'r bedwaredd ganrif ar bymtheg yn America sy'n defnyddio '**GC**' am Ogledd Cymru.

Mae talfyriadau yn arbed llawer o amser i ni hefyd wrth ysgrifennu yn y gwaith. Mae'n dipyn haws sgwennu '**ayyb**.' nac 'ac yn y blaen' – ac yn yr un modd rhown '**e.e.**' yn lle 'er enghraifft', ac '**O.N.**' wrth ychwanegu brawddeg ar ddiwedd neges, sef 'Ôl Nodyn'.

Ac er ein bod ni'n cysylltu talfyrru geiriau â bywyd cyflym yr oes fodern, mae rhai o'r talfyriadau mwya' cyffredin yn dyddio nôl gannoedd o flynyddoedd. Yn Saesneg, mae '**IOU**' ac '**RSVP**' wedi cael eu defnyddio ers yr ail ganrif ar bymtheg; a chyfeiriodd yr awdur Cymraeg Morus Clynnog at **'fyrfoddau'** (sef ei derm o am dalfyrru geiriau) mewn llyfr a sgwennodd yn 1568, gan eu diffinio nhw fel hyn:

*'**Byrfoddau**: sef modd i scrifenu geiriau yn fyrr heb i gwneuthur yn llawn-lythr.'*

Ond yn ystod y blynyddoedd diwethaf mae'r cyfryngau cymdeithasol wedi creu awch newydd am dalfyrru geiriau, yn enwedig ymhlith pobl ifainc. Ond be sy'n gyrru'r awydd 'ma i dalfyrru geiriau wrth decstio?

Wel, erstalwm, roedd 'na reswm ymarferol, sef fod rhaid taro botymau'r ffôn sawl gwaith i gael un llythyren, felly roedd byrhau geiriau yn arbed gwaith – hefyd roedd negeseuon testun hirach yn costio mwy i'w gyrru. Bellach, gydag apiau fel *WhatsApp* yn gwneud hi'n haws cynnal sgwrs rhwng sawl person, rhaid talfyrru er mwyn cyfrannu'n sydyn.

Y talfyriadau mwyaf cyffredin ydi'r rhai mwyaf ymarferol, er enghraifft **'Fog'** am 'faint o'r gloch' ac **'ahob'** am 'ar hyn o bryd. Enghreifftiau eraill tebyg yw **'ptc'** am 'pryd ti'n cyrraedd?' a **'wdw'** am 'wela'i di wedyn'. Wrth gwrs, wrth i ffrindiau chwarae o gwmpas hefo talfyriadau a herio'i gilydd hefo rhai newydd, mae'n mynd yn groes i'r bwriad gwreiddiol, a'r sgwrs yn arafu weithiau wrth i'r lleill drio gweithio allan be mae'r talfyriad yn ei feddwl!

Mae'r awydd yma i chwarae hefo geiriau drwy eu talfyrru'n ymddangos mewn llefydd eraill hefyd, nid jest ym myd tecstio. Cymerwch yr ymadrodd **'MOM'** – 'mas o'ma' – fel enghraifft. Mae hwnna i'w glywed yn reit gyffredin yn y Gorllewin. Ac os oes brys mawr i ymadael, wedyn **'MOMFfG'** bia hi, fel y canodd y Tebot Piws – mae'r 'G' yn sefyll am 'glou', hynny yw, 'cyflym', a'r 'Ff'...? Wel, os dduda'i 'Glou Iawn', dwi'n siwr y gellwch chi ddyfalu heb i mi ddweud mwy!

A beth am y stori honno am wraig oedd wastad yn cyfeirio at ei gŵr fel '**Mr Jones BA**' – nid am ei fod o wedi cael coleg, ond am ei fod o 'byth adra'.

Rhyw awydd i chwarae hefo geiriau sy'n nodweddu'r talfyriadau hyn i gyd. Nid bygythiad i safon iaith ydyn nhw, ond prawf fod dychymyg siaradwyr y Gymraeg mor fyw ag erioed. Mi wnaeth '**OMG**' neu '*Oh My God*' gael ei dderbyn yn swyddogol gan Eiriadur Saesneg Rhydychen nôl yn 2011. Amser a ddengys a fydd '**OMB**', neu '**O Mam Bach**' yn cael ei dderbyn yn yr un modd yn ein gwlad ni – ond dwi'n gobeithio y bydd o.

28. PODLEDIAD

Llun: Y Bwletin Amaeth dyddiol yw un o bodlediadau mwyaf poblogaidd y Gymraeg.

'**Podlediad**' yw un o'r geiriau technegol diweddaraf i gael ei dderbyn i'r Gymraeg. Yn wahanol i ddarlledu traddodiadol lle mae rhaglenni ar gael ar adegau penodol o'r diwrnod, ffeil sain neu fideo ydy 'podlediad' ac mae modd ei lawrlwytho i ddyfais gyfrifiadurol, ac yna ei wylio neu wrando arno yn eich amser eich hun. Ond o le mae'r gair yn dod?

Cofnodwyd y gair *'podcast'* gyntaf yn 2004. Mae'r gair Saesneg yn cyfuno dau air, sef *i-pod* – un o'r teclynnau cyfrifiadurol y gellwch ei ddefnyddio i wrando ar bodlediad, a'r gair *broadcast*. Ac ar yr un patrwm, lluniwyd y gair 'podlediad' gyda'r ail elfen yn dod o'r gair Cymraeg '**darlledu**'.

Ystyr presennol 'darlledu' yw lledaenu newyddion, cerddoriaeth neu berfformiad, ac ymddangosodd gyntaf mewn perthynas â'r radio yn y 1930au. Ers y 1950au, gall gyferirio at gyfrwng y teledu hefyd.

Mae'r gair '**teledu**' yn cyfuno dau air yn yr un modd a podlediad. Y tro hwn, y gair Groeg *tele* sydd wedi'i gyfuno efo 'darlledu'. Ystyr *tele* mewn Groeg yw 'pell i ffwrdd', felly mae '**telesgôp**' yn caniatáu i ni weld o bell i ffwrdd, a '**teleffôn**' yn caniatáu i ni glywed sain o bell i ffwrdd.

Ystyr gwreiddiol 'teledu' oedd y broses o ddarlledu'r lluniau a'r sain. Berfenw oedd 'teledu', a **'teledydd'** oedd yr enw am y set yng nghornel yr ystafell. Am ryw reswm, wnaeth y gair 'teledydd' ddim cydio; bellach, 'teledu' yw'n gair ni am y sgrîn yng nghornel yr ystafell, a bodlonwn ar y gair 'darlledu' i ddisgrifio sut mae'r lluniau'n cyrraedd y set deledu'n y lle cyntaf.

Nid dyma'r tro cyntaf i fathiadau technolegol newydd beidio gafael, yn ystod ein hanes. Roedd modd anfon negeseuon ar hyd weiren drwy **'delegram'** o'r 1840au ymlaen. Erbyn 1854, roedd y gair **'pellebr'** wedi ymddangos fel gair Cymraeg am delegram, a dyma oedd gan bapur *Yr Amserau* i ddweud y flwyddyn honno wrth drafod Rhyfel y Crimea:

'Yr ydym wedi derbyn a ganlyn gyda'r **pellebr** *oddiwrth ein gohebydd: "CONSTANTINOPLE, Rhagfyr 30. – Mae'r llyngesoedd wedi myned i'r Môr Du."*

Does dim angen esbonio'r elfen gyntaf yn y gair 'pellebr' – mae 'pell' yn cyfateb i *'tele'* mewn Groeg. Daw 'ebr' o hen air Cymraeg am 'dywedodd' neu 'meddai'. Yn 1872, nododd papur *Y Tyst* fod yr Athro Thomas Charles Edwards wedi 'pellebru' ei feirniadaeth i Eisteddfod Dinorwig a Llanberis, a hynny'n Gymraeg, cofiwch!

Serch hyn, 'telegram' oedd y gair a ddefnyddiwyd fwyaf ar lafar, ac erbyn hyn mae'r geiriau 'pellebr' a 'telegram' fel ei gilydd yn perthyn i'r gorffennol, am nad oes neb yn eu hanfon nhw bellach. Ymhlith y cyfryngau sydd wedi eu disodli, mae'r **'ebost'** – ac mae hwn yn derm sydd yn sicr wedi cael ei dderbyn i'r Gymraeg.

Wrth gwrs, 'llythyrau' yw'r 'post' yn y gair 'ebost', ac mae rhai wedi dadlau (yn ddigon teg) mai lol yw cyfieithu *emails* fel '**ebyst**' – am mai '**pyst**' yw lluosog '**postyn**' neu '**stanc**', nid lluosog 'post' yn yr ystyr o 'lythyrau'. 'Ebostiau' neu 'ebostiadau' ddylen ni ddweud, ond fod hynny'n dipyn o lond ceg! O ran fy hunan, gwell gen i glywed pobl yn sôn am 'ebyst' nac *emails*. Mae'n dangos o leiaf fod 'ebost' wedi cael ei dderbyn yn air Cymraeg naturiol.

Os awn ni yn ôl i edrych yn fanylach ar y geiriau 'podlediad' neu 'teledu', gwelwn nad geiriau cyfansawdd mohonynt. Mae llawer iawn o'r rheiny yn y Gymraeg, er enghraifft '**arallgyfeirio**', '**amlweddog**' a '**llafarganu**'. Yn yr esiamplau hyn, mae dau air cyfan wedi'u huno i greu gair newydd, hynny yw, 'gair cyfansawdd'. Mae 'podlediad' a 'teledu' yn wahanol, am mai dim ond rhannau o'r geiriau sydd wedi eu cyfuno. Mae un gair wedi mynd i gesail y llall – pod-ddarllediad wedi troi'n 'bodlediad', a tele-ddarlledu wedi troi'n 'deledu'.

Gair arall sydd wedi'i ffurfio yn yr un modd yw '**gliniadur**', o 'glin' a 'chyfrifiadur'; y gair Cymraeg am *laptop*. Enghraifft arall o'r un ffenomen yw enwau tai sy'n cyfuno elfennau o enwau'u perchnogion: er enghraifft 'Delmor', sef tŷ Delyth a Brynmor; 'Geronwen', sef tŷ Geraint a Bronwen; ac yn y blaen. Efallai'r mai'r enghraifft fwyaf adnabyddus o'r dull yma o lunio geiriau yw '**Brexit**'. Daw'r 'Br' o *Britain*, a'r *exit* o'r gair Lladin am fynd allan neu adael.

Be fyddai *Brexit* yn Gymraeg, tybed? Prallan? Prydael? Neu efallai 'draed moch', fel awgrymodd un cyfrannwr i'r drafodaeth ar y cyfryngau cymdeithasol yn ddiweddar! Testun trafod pellach ryw dro eto mae'n debyg – mewn podlediad efallai...

29. PILI-PALA

Llun: Pili Palas, cartref y glöynnod byw ar Ynys Môn. Ond o ble ddaeth y gair 'pili pala'?

Os gwrandewch ar fabi yn parablu, gwelwch mai ailadrodd seiniau yw un o'r pethau cyntaf a wneir wrth ddysgu siarad. Mae llawer o'n geiriau cyntaf ni wedi'u ffurfio o sill sy'n cael ei ailadrodd, er enghraifft – **'mama'**, **'dada'**, **'pi**-pi', ac yn y blaen. Y cam nesa yw ailadrodd sill, ond newid un o'r llafariaid wrth wneud hynny, er enghraifft – 'mami', 'dadi', 'pi-po' ac yn y blaen. A dyna gefndir y gair **'pili pala'** mae'n debyg.

'**Pilai**' neu '**pile**' oedd ffurf wreiddiol y gair hwn pan gafodd ei gofnodi gyntaf gan Edward Lhuyd ar ddechrau'r ddeunawfed ganrif, ond ryw bryd ar ôl hynny datblygodd yn 'pili pala'. Ymddengys mai ffurf fwy plentynnaidd oedd honno i ddechrau ond dros amser cafodd ei derbyn fel gair i'w ddefnyddio gan oedolion hefyd – yn bennaf yn ardal Morgannwg.

'Dyddyblu' yw'r term y mae geiriadurwyr yn ei ddefnyddio i ddisgrifio'r ffenomen yma, ac mae'n ddyfais a ddefnyddir yn aml gan awduron plant i greu enwau cofiadwy ar gyfer eu cymeriadau; er enghraifft **Sali Mali**, **Jac y Jwc** a **Nicw Nacw**. Ac os edrychwn ar raglenni teledu sydd wedi'u hanelu at blant, mae hwythau hefyd yn aml yn dyddyblu enwau yn yr un modd, i apelio at eu cynulleidfa darged, er enghraifft '*Bla Bla Blewog*', '*Fflic a Fflac*' a'r gyfres '*Igam Ogam*'.

Serch hynny, nid ffordd o lunio geiriau ar gyfer plant yn unig mo hyn. Efallai fod y gair **'igam ogam'** wedi'i fabwysiadu bellach fel enw ar gyfres blant, ond ei ystyr yw symud o'r dde i'r chwith am yn ail, (*zig zag* yn Saesneg). Mae sawl ffurf arall ar y gair, er enghraifft **'mingam mongam'** a **'migi moga'**. **'Giât igi moga'** y byddai fy Mam yn ei ddweud am 'giât fochyn' ac mae'n disgrifio i'r dim sut mae dyn yn gorfod gwyro o un ochr i'r llall i fynd drwy giât o'r fath.

Mae geiriau sydd wedi'u dyddyblu yn aml yn disgrifio gwahanol fathau o symudiad, er enghraifft **'ling-di-long'**, ar gyfer cerdded yn hamddenol, gan wyro fymryn o un ochr i'r llall, y gair wedi'i awgrymu o bosib gan symudiad llong ar y môr. Mae **'ffit ffatian'** wedyn, yn disgrifio cerdded efo gwadnau fflat, neu hefo slipars rhy fawr neu lac am dy draed; tra bod **'wichwach'** yn disgrifio'r sŵn gwichlyd sy'n cael ei wneud gan sgidiau newydd.

Nid rhywbeth diweddar yn y Gymraeg mo hyn – cofnodwyd y gair 'blith draphlith' gyntaf yn y drydedd ganrif ar ddeg. Ac mae nifer o eiriau tebyg i **'blith draphlith'** sydd hefyd yn disgrifio annibendod a dryswch, neu sŵn y symud afreolus sy'n creu hynny – er enghraifft "cwympodd **dwmbwr dambar** lawr y stâr", neu "syrthiodd wysg ei gefn, **strim stram strellach**."

Mae 'na elfen o chwarae efo geiriau yn hyn o beth, o arbrofi hefo seiniau, a hynny er creu difyrrwch i'r gwrandawr – ac mae'r un math o beth i'w glywed weithiau mewn caneuon gwerin hefyd:

"*Ffeind a difyr ydi gweled,* **migldi magldi** *hei now now*"

"*Simpl sampl, ffinistr ffanastr*, dyna'r trafferth gafwyd gan Gwen"

"*Titrwm tatrwm*, gwen lliw'r wy, lliw'r meillion mwy rwy'n curo"

Addurn i'r glust yw geiriau fel hyn mewn caneuon, yn hytrach nag ymgais i gyfleu ystyr, ond os trown at grŵp arall o eiriau sy'n dyddyblu, mae'r rhain yn sicr yn ei dweud hi, am eu bod nhw'n disgrifio nodweddion cymeriad pobl.

'**Chwit chwat**' a ddywedir am rhywun anwadal neu oriog, rhywun sy'n newid ei feddwl o hyd ac yn dipyn o geiliog y gwynt. Disgrifio dyn merchetaidd mae'r gair '**wil-jil**', ond mae'n ddisgrifiad digon angharedig, ac un nas clywir mor aml y dyddiau hyn. Yr un yw hanes nifer o eiriau beirniadol eu hergyd, er enghraifft '**lich lach**' am rywun diofal neu anghyfrifol. Cofnodwyd y gair yn astudiaeth Fynes–Clinton o dafodiaith Bangor yn 1913, ond tybed oes 'na bobl heddiw sy'n dal i'w ddefnyddio? Oes na bobl ar Ynys Môn sy'n dal i ddweud '**ffil ffal**' am rywun ffroenuchel, tybed?

Ond tra bod rhai geiriau'n cilio, mae dyddyblu'n dal yn ddull poblogaidd o greu geiriau newydd ar gyfer y datblygiadau technolegol diweddaraf yn ein byd ni. Ceir '**hunlun**' er enghraifft, am selfie, '**nodyn bodyn**' am neges destun, a '**ffôn lôn**' am fobeil.

Tybed a fydd y bathiadau newydd yma'n cydio? Ac os na wnân nhw, tybed ai'r rheswm am hynny yw'r ffaith fod eu defnydd nhw o ddyddyblu yn ein hatgoffa ni yn isymwybodol am ein plentyndod – a'n bod ni'n gwrthod derbyn y geiriau oherwydd hynny; am eu bod nhw'n swnio fymryn yn '**blentynnaidd**'?

Cawn weld, ond yn hynny o beth, efallai fod y gair 'pili pala' yn dangos y ffordd. Os oedd o'n air plant i ddechrau, mae wedi hen ennill ei blwyf ymhlith oedolion bellach – ac yn ystod y degawdau diwethaf mae'r gair 'pili pala' wedi bod yn prysur ymledu allan o Forgannwg ac ar draws Cymru, gan ddisodli geiriau eraill am yr un pryfetyn, geiriau fel 'glöyn byw' ac 'iâr fach yr haf'.

Efallai, felly, fod yna obaith o hyd i'r 'hun lun' a'r 'ffôn lôn'!

30. CORGI

Llun: Corgi – un o'r ychydig eiriau o'n hiaith sydd wedi cael ei dderbyn ar draws y byd.

Os edrychwn yn y geiriadur, gwelwn fod y Gymraeg wedi benthyg cannoedd o eiriau o'r Saesneg, ymhlith ieithoedd eraill, ond os estynnwn y geiriadur Saesneg, gwelwn mai ychydig iawn o eiriau mae'r Saeson wedi'u benthyg yn ôl. Mae *cwm*, *crag*, *bard*, *coracle* a **corgi** ymhlith yr ychydig eiriau Cymraeg sydd i'w gweld ar dudalennau'r geiriadur Saesneg:

'**Corgi**: *either of two long-bodied short-legged sturdy breeds of dog, the Cardigan and the Pembroke.*'

Cafodd Cymdeithas y Corgwn Cymreig ei sefydlu yn 1925, er mwyn gosod canllawiau ar gyfer bridio. Corgi Penfro yw'r un mwyaf cyffredin – hwn ydi'r un melyn neu aur sydd gan y Frenhines Elisabeth. Mae corgi Ceredigion ychydig yn hirach na chorgi Sir Benfro, ac yn amrywio mwy o ran lliw ei gôt; mae ganddo hefyd gynffon hirach.

A beth oedd gwaith y cŵn yma'n wreiddiol? Wel, ystyr lythrennol 'corgi' yw 'ci bach', a'r elfen 'cor-' yr un fath â'r 'cor-' sydd mewn geiriau fel '**corrach**' a '**corgimwch**'. Gwaith corgi oedd gyrru gwartheg – am fod ei goesau'n fyr, a'i gorff yn isel, roedd yn haws iddo osgoi carnau'r gwartheg pan oeddyn nhw'n trio'i gicio fo.

Ond mae cannoedd o fathau eraill o gŵn, wrth gwrs, ac fel yn achos y corgi, mae eu henwau Cymraeg yn datgelu ar gyfer pa waith y cawson nhw eu bridio'n wreiddiol. Hela oedd gwaith yr **'helgi'**, a hela bleiddiaid yn benodol oedd gwaith y **'bleiddgi'**. Mae'r **'daeargi'**, ar y llaw arall, yn twrio yn y ddaear ar drywydd ei brae, a'i ddilyn dan ddaear os oes rhaid.

Wrth i ffermwyr droi at gadw mwy a mwy o ddefaid, roedd llai o fri ar y corgi a'i goesau byrion a daeth y ci defaid yn fwy poblogaidd. Dyma ddisgrifiad enwog Thomas Richards y Wern ohono:

'*Rhwydd gamwr, hawdd ei gymell – i'r mynydd*
   a'r mannau anghysbell;
  hel a didol diadell,
  yw camp hwn yn y cwm pell.'

Mae gwylio cŵn defaid wrth eu gwaith wedi esgor ar sawl ymadrodd yn yr iaith lafar. **'Bob yn ail y bydd cŵn da yn rhedeg'** medd rhai – cyngor i rannu baich ydi hynna, am ei fod yn deillio o wylio ci yn rhedeg a gorwedd ac yna'n rhedeg eto, rhag rhusio gormod ar y defaid. Weithiau bydd y ci yn **'sodlu'**, sef rhuthro at sawdl anifail i'w yrru yn ei flaen; dyna un o nodweddion y corgi hefyd, wrth drin gwartheg. Ac os ydyn ni'n dweud fod **'golwg fel ci wedi bod yn lladd defaid'** ar rywun, golwg euog ac amheus sydd arno.

Mae'r cŵn defaid mwyaf medrus, fel y corgwn gorau, yn hynod werthfawr, ac mae 'na bres mawr i'w ennill wrth eu bridio'n llwyddiannus. Yn anffodus, weithiau gall greddf naturiol ci a gast ddrysu cynlluniau gofalus y bridiwr!

Pan fo gast yn '**boeth**' neu'n '**cwna**', tydi hi ddim yn ddethol iawn ynglŷn â'i phartner, ac mae'r un ymadroddion yn cael eu defnyddio weithiau i ddifrïo merched sy'n ymddwyn yn yr un modd. Ac os ydi dyn yn cysgu hefo merched gwahanol o hyd, heb hidio am y canlyniadau, dywedwn fod yntau'n dipyn o '**gi**', a'r un ystyr sydd i'r ymadroddion '**ci drain**' a '**hwrgi**', sef rhywun sy'n cysgu o gwmpas.

Mae ychwanegu '-ci' neu '-gi' ar ddiwedd gair yn ffordd gyffredinol o fynegi dirmyg. Felly, mae rhywun sy'n drewi yn '**ddrewgi**', rhywun sy'n methu dweud y gwir yn '**gelwyddgi**', ac yn y blaen. Weithiau mae rhyw dinc digon cellweirus i'r geiriau hyn; mae rhywun sy'n hoff o hel ei fol yn '**folgi**', ond mae naws mwy cas i'r gair '**cachgi**', sy'n disgrifio rhywun llwfr. Wedi dweud hynny, rhyw dinc hunan-ddifrïol sydd yn yr ymadrodd:

'*Iach yw croen y **cachgi**.*'

Hynny yw, weithiau mae'n gallach cilio yn lle cwffio. Buasai agwedd fel yna wedi bod yn wrthun erstalwm wrth gwrs. Fil o flynyddoedd yn ôl, roedd geiriau hefo'r elfen '-ci' (neu '-gi') ynddyn nhw yn cael eu defnyddio i ganmol pobl, nid eu dirmygu. Byddai milwr yn cael ei ddisgrifio fel '**catgi**' – un oedd yn ddewr fel ci, mewn 'cad' neu ymladdfa. Ac mae'r un naws edmygus mewn enwau priod fel '**Maelgwn**.' Daw 'Maelgwn' o'r Frythoneg '*Maglo-cunos*', sef ci nerthol. (A gan fod y brenin Maelgwn Gwynedd â llys ger Deganwy, mae wedi rhoi ei enw i'r ysgol Gymraeg leol ac i gôr lleol, Côr Meibion Maelgwn.)

Ystyron positif sydd i'r gair 'cŵn' yn fanna, ond os yw busnes yn mynd '**rhwng y cŵn a'r brain**', mae pethau wedi mynd ar chwâl. Daw'r ddelwedd, mae'n debyg, o gyfnod cynharach yn ein hanes; ar ôl brwydr byddai cyrff y fyddin a gollodd ar y maes o hyd, a brain a chŵn gwyllt yn gwledda arnynt.

Dywedwn hefyd fod cwpl yn ffraeo **'fel ci a chath'** neu **'gi a hwch'**, ac yn hynny o beth, natur cynhennus y ci sydd dan sylw. Yn yr un modd, dywedwn weithiau am ddyn cecrus, yn enwedig os ydi o'n fyr hefyd, fod o'n **'gorgi o ddyn.'** Mae dyn felly'n debygol o **'ysgyrnygu siarad'** neu **'gyfarth gorchmynion'**, ond fydd o byth yn **'dyhefyd'** chwaith, sef y gair hyfryd hwnnw sy'n disgrifio'r anadlu cyflym mae ci yn ei wneud ar ôl gweithio'n galed, er mwyn cael ei wres i lawr.

Efallai 'sa hi'n well i mi ei gadael hi'n fanno – dwi'n clywed y ci 'cw'n 'sgyrnygu isio bwyd, a fel mae'r hen air yn ddweud, **'sdim pwynt cadw ci a chyfarth dy hun'**!

31. PÊL

Llun: Ray Gravell gyda'r bêl yn ei ddwylo. Ond mae mwy i'r gair hwn na'r gwahaniaeth rhwng y gron a'r hirgron...

Wrth ddefnyddio'r gair **pêl**, beth sy'n tueddu i ddod i'r meddwl heddiw yw sffêr o ledr, rwber, neu ddefnydd arall ar gyfer chwaraeon. Ond gallai 'pêl', neu belen, olygu pob math o bethau crwn, fel y darnau plwm mewn cetrisen.

Gallai pelen neu **'dân-belen'** gyfeirio hefyd at yr hyn oedd yn cael eu saethu gan ynnau mawr mewn rhyfel:

'*Cawsom ein **tân-belennu**'n o ddrwg yn ein ffosydd gan yr Almaenwyr.*'

Daw'r gair Cymraeg 'pêl' o'r Lladin *pilla*, ac o'r un gair y cafodd y Saeson eu gair hwythau *pill*. 'Mae'r Cymry wedi menthyg y ffurf luosog *pills* o'r Saesneg wedyn a chreu ffurf unigol newydd yn y Gymraeg, sef '**pilsen**' (yn yr un modd ag y mae *bricks* wedi rhoi '**bricsen**' a *steaks* yn rhoi '**stecsen**'.) Am fod 'pilsen' weithiau â blas chwerw arni, mae wedi dod yn air cyffredin am roi sylw pigog neu gerydd i rywun – '*Mi rois i **bilsan** iawn iddo fo.*'

Yng ngherddi'r canoloesoedd, ychydig yn annisgwyl yw dod ar draws llinellau fel hyn:

*'Peth yw'r byd? Pwy aeth a'r **bêl**?'*

*'gwell i'r bardd golli'r **bêl**...'*

*'mab iarll am y **bêl**'*

Hawdd y gellid credu bod y beirdd yn disgrifio rownd derfynol rhyw gwpan beldroed neu'i gilydd, ond bum can mlynedd yn ôl roedd 'pêl' yn air arall am 'anrhydedd' neu 'glod'.

Er bod sôn am 'chwarae pêl' yn ystod y canoloesoedd, rhaid aros tan 1593 a cherdd gan William Middleton am y sôn gyntaf am **bêl-droed** – er mai **'peldraed'** mae'n ei alw o. Dyw'r gair 'pêl-droed' ddim yn ymddangos tan 1630, ond mae'n ymddangos fod yna beth dryswch am be'n union i alw'r gêm hon am genhedlaeth arall wedyn, achos yn 1675, cyfeiriodd Richard Jones, Dinbych at *'chwareu **peldroed** neu'r **bêl ddu**'*.

Does dim rhyfedd fod yna ddryswch. Doedd yna ddim rheolau yn y cyfnod hwn; byddai pobl yn cario'r bêl, yn cicio'r bêl ac yn cicio'i gilydd. Gan fod pêl-droed y cyfnod mor arw, dyw hi ddim yn syndod fod yr eglwys yn tueddu i wgu arni. Yn 1752, yn un o lythyrau Morrisiaid Môn, ceir y sylw condemniol hwn tuag at *'wŷr y buoch gynt yn chwareu **pel droed** efo hwynt ... ag ar y Sul hefyd.'*

Ond erbyn diwedd y ddeunawfed ganrif, roedd pêl-droed yn dechrau treiddio i'r ymwybyddiaeth Gymreig, hyd yn oed wrth geisio annog pobl i ddilyn Iesu. Yn 1777, roedd John Thomas o Raeadr Gwy yn methu osgoi defnyddio delwedd o fyd y bêl gron:

*'ein Harglwydd a'i gyrrodd ef ymaith ... fel **pel droed** o'i flaen.'*

Ac os am ffarwelio â rhywun pechadurus, pa ffordd well na thrwy roi **'blaentroedar'** iddo, **'cic mul'**, clec iawn i'w yrru i ben pella'r cae. '**Rhoi rhuban iddi**' fel mae rhai yn ddweud, nes bod y bêl yn hedfan fel rhuban drwy'r awyr. Yn ôl Gwilym Tudur yn ei lyfr sy'n trafod iaith Eifionydd, os byddai'r bêl yn mynd i'r entrychion yn y fath fodd, byddai'r dorf ar y Rec, ym Mhwllheli neu ar y Traeth, ym Mhorthmadog, yn gweiddi '*Bangor steil!*'

Ond mae 'na ffyrdd cyfrwysach a chlyfrach o guro'r tîm arall. Bydd chwaraewr medrus yn gallu tynnu'i wrthwynebwr '**tu chwith allan**', ei '**sginio fo'n racs**' ac efallai roi'r bêl trwy ei goesau, yn goron ar ei embaras. Hynny yw, '**megio fo**' fel bydd chwaraewyr ifanc yn ei ddweud. Mae hynny'n dod o'r gair Saesneg '*nutmeg*' – ond pam defnyddio enw perlysieuyn yn y modd yma? Wel, yn ystod yr 1870au pan oedd peldroed yn dechrau dod yn boblogaidd, mae'n debyg fod nytmeg mor werthfawr fel bod rhai marchnatwyr digywilydd yn rhoi darnau pren diwerth wedi'u cerfio i edrych yn debyg i nytmeg, yn y sachau hefo'r nytmeg go iawn. Yn Saesneg felly, roedd '*to nutmeg*' yn golygu twyllo rhywun a gwneud iddyn nhw edrych yn hurt; hawdd gweld felly sut y cafodd yr ystyr newydd yna ei estyn i'r cae peldroed.

'*Tin whare fel 'se **dwy drôd 'whith** da ti!*'

Dim y math o sylw wnaiff neb ei anelu fyth at Gareth Bale, ond mae'n nodweddiadol o'r math o gyngor 'buddiol' sy'n gallu dod o ochr y cae yn ystod gêm, yn enwedig os 'dach chi newydd gael eich 'megio' mae'n debyg. '**Bacha' menyn**' a ddywedir os bydd y bêl yn llithro drwy fysedd, (neu'i fachau,) y gôlgeidwad, fel petai'r rheini wedi'u hiro gan fenyn. Mewn rhai llefydd byddan nhw'n gweiddi '**bacha byns!**' – ac os yw eich bysedd chi mor fawr a thrwsgl â byns, does dim llawer o obaith i'ch dwylo chi drafod y bêl ag unrhyw hyder.

Ond nid y gôl geidwad yw'r unig un i deimlo pwysau ar y cae gan y dorf. Pan fo blaenwr mewn lle manteisiol ac yn anelu siot lipa aneffeithiol i gyfeiriad y gôl arall, **'siot hosan'** ydi honno; waeth iddo fod wedi tynnu'i esgid a'i chicio hi yn nhraed ei sannau ddim.

Yn Eifionydd yn ôl Gwilym Tudur, byddai siot o'r fath yn ennyn yr ymateb yma:

'Cer a'i draed i'r efa'l!'

Hynny yw, hefo pedolau newydd am ei draed, byddai gobaith am gic fwy nerthol gan y chwaraewr dan sylw y tro wedyn.

Fel rhywun oedd yn mwynhau taclo erstalwm, fy hoff ymadrodd o fyd y bêl gron yw **'rhycha fo!'** sef anogaeth i un o'r 'rhychwrs' ar eich tîm chi i ddelio efo bygythiad gan ryw asgellwr chwim o'r tîm arall drwy 'fynd trwyddo fo', 'ei rychu o' gyda thacl nerthol fyddai'n clirio'r bêl a 'sgubo'r chwaraewr arall i'r llawr hefyd. A thrwy lithro i mewn i dacl o'r fath, tebyg y buasech chi'n gadael rhych ar y cae ar eich ôl, sy'n esbonio'r rheswm am y gair. Cyn belled na fyddech chi ddim yn ildio cic rydd, neu'n waeth fyth gic o'r smotyn trwy wneud hynny, byddai pawb yn hapus.

Mae rhai wedi cyfeirio'n ddigon gwawdlyd at bêl-droed dros y blynyddoedd. Dyw'r gêm yn ddim mwy na:

'Cicio gwynt mewn croen llo.'

yn ôl rhai, ond does dim gwadu fod y bêl gron wedi esgor ar gyfoeth o eiriau Cymraeg i ddisgrifio'r gêm, heb sôn am yr ymadroddion digri sydd wedi'u hychwanegu yn fwy ddiweddar gan gyfresi *C'mon Midffild...*

'Wowch hel iddyn nhw' fel basa Wali Tomos yn ei ddweud!

32. CEG

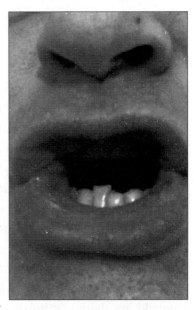

Llun: Ceg yr awdur!

Beth sydd gan afon, ogof a gwynt yn gyffredin? Mae pob un yn gallu meddu ar **geg**, Drwy '**geg yr afon**' mae'r dyfroedd yn mynd allan i'r môr, drwy '**geg**' yr ogof yr ewch i mewn iddi, a '**cheg wynt**' yw'r gair Cymraeg am *larynx*, lle mae'r anadl yn gadael yr ysgyfaint ac yn cynhyrchu llais. Mae modd sôn hefyd am '**geg simnai**', sef y rhan uchaf ohoni, **ceg potel**, a **cheg ffynnon**, ond ceg y corff fydd dan sylw fwyaf yn y pennod hwn.

Dyma un o rannau mwyaf amryddawn y corff – gallwn fwyta hefo hi, siarad hefo hi ac anadlu hefo hi – ac mae gan bob un o'r gweithredoedd hyn eu geirfa eu hunain. Mi ddechreuwn ni wrth y bwrdd bwyd.

Beth bynnag sydd ar y plât, os ydach chi'n '**cegu**' eich bwyd, 'dach chi'n ei draflyncu, ei fwyta'n farus, ond pan 'dach chi eisiau bwyd ac wedi disgwyl yn hir amdano, fel hyn mae'n nhw'n cwyno yng Ngheredigion:

'Bola'n gofyn – 'ble mae 'ngheg i?'

Os cymerwn lond ceg o rywbeth, mae'n '**gegaid**', ond yn y Gogledd, '**cegiad**' a ddywedir fel arfer. Gall '**cegiad**' hefyd gyfeirio at fabi bach yn methu cadw ei fwyd i lawr:

'*O'r peth bach! Mae o wedi cael cegiad!*'

Yn y De-Orllewin, wrth drafod cegaid o fwyd, byddet ti'n fwy tebygol o glywed y gair **'ansh'**, neu **'hansh'**. Enw addas iawn felly ar gyfer sianel arlein newydd S4C, lle mae'r pwyslais ar eitemau byrion '*bitesize*' .

Mae **'carthu ceg'** yn air arall am garthu'r llwnc, hynny yw clirio'r gwddw. Os ydi rhywun wedi marw, dywedir weithiau eu bod nhw'n **'gelain gegoer'**.

Tra byddwn yn fyw ac yn iach, gwnawn gryn ddefnydd o'n cegau i ddangos ein hemosiynau. Does neb yn hapus drwy'r amser, a weithiau byddwn yn gwneud **'geg gam'** pan fyddwn ni'n drist; tro arall byddwn yn gwneud ein gwefusau'n grwn i ddangos ein bod wedi pwdu – **'ceg twll tîn iâr!'** fel base mam yn ei ddweud. **'Gwneud ceg hyll'** mae rhai yn ei ddweud yn y Gogledd am dynnu 'stumiau, ac o'r Gogledd hefyd y daw'r ymadrodd hyfryd **'ceg doffi'**, sy'n disgrifio sut y bydd ceg babi'n mynd cyn iddo ddechrau siarad yn iawn.

Mae'r geg, wrth gwrs, yn ganolog pan y down ni i ddechrau siarad. Drwy'r geg y daw ein llais, a'n hiaith, ac mae'n rhan bwysig felly o sut 'dan ni'n siapio ein hunaniaeth fel Cymry Cymraeg. Mae'n eironig meddwl felly fod y gair 'ceg' ei hun o bosib yn fenthyciad o'r Hen Saesneg *céce* a ddatblygodd wedyn yn *cheek* mewn Saesneg cyfoes. Ond dyna fo, mae'r Cymry wedi bod yn mabwysiadu geiriau o ieithoedd eraill i ddisgrifio rhannau o'u cyrff eu hunain, ymhell cyn i'r Saeson ddod ar y sîn. Mae braich (tud. 147) a choes wedi eu menthyg o'r Lladin er enghraifft, talcen (tud. 140) o'r Wyddeleg, ac yn y blaen.

Tybed ydych chi erioed wedi bod **'geg-yng-ngheg'** hefo rhywun erioed? Cyn i chi gynhyrfu, nid disgrifiad o gusanu nwydus mo hyn!

*'Rhaid fod y ddau yna'n ffrindie eto – roedden nhw **geg-yng-ngheg** efo'u gilydd yn y ffair.'*

Hynny yw, roedd y ddau berson yn siarad yn agos, gan gael sgwrs glos iawn, gyfrinachol o bosib. Ond pan edrychwn ar fwy o'r ymadroddion sy'n gysylltiedig â defnyddio'n cegau i siarad, gwelwn mai rhai digon negyddol yw'r rhan fwyaf ohonynt.

'**Cau dy geg**' (neu '**cau dy ben**' fel mae rhai yn ddweud) yw'r math o sylw blin y basen ni'n ei anelu at rywun cegog, rhywun sy'n swnllyd, yn uchel eu cloch, yn '**hen geg**', yn '**geg i gyd**', neu efallai yn rhywun sy'n '**cega**'. Mae yna fwy nag un ystyr i'r gair '**cega**'. Os dywedwn ni:

*'Dan ni'm isio gwrando mwy ar y rhain yn **cega** efo'i gilydd.'*

'Dan ni'm eisiau gwrando ar fwy o gecru a ffraeo' ydy'r ystyr, ond os dyweda' i:

*'Ces i lond bol arno fo yn **cega** amdana i wrth bawb.'*

yna yr ystyr ydy fy mod i wedi diflasu clywed ei fod o'n adrodd straeon amdana' i. Yn y ddeunawfed ganrif, byddai'r gair '**cegddu**' yn cael ei ddefnyddio i ddisgrifio rhywun bras ei dafod, oedd yn tueddu i siarad yn enllibus, fel y gwelwn yn y llawysgrif yma o tua 1730:

'Nid yw ond clown a Bwmcin cegddu.'

Erbyn heddiw, mae 'cegddu' yn cael ei ddefnyddio'n fwy arferol fel y gair Cymraeg am y pysgodyn *hake*. Petai rhywun 'cegddu' yn siarad amdanoch chi, neu yn wir yn cega amdanoch chi, buan iawn y basech chi'n cael eich hunan '**yng ngheg y byd**', hynny yw, yn destun siarad i bawb.

Cofiwch chi, gwell efallai yw bod yn destun siarad na

gwneud i bobl ddylyfu gên, agor pen neu agor ceg – *yawn*, chwedl y Sais. Gair arall am hyn erstalwm oedd **'y gegwst'**. Mae **'gwst'** yn hen air am afiechyd, neu anhwylder. **'Anwydwst'** ddywedwn weithiau am y ffliw, a bod yn **'ddywedwst'** yw bod yn dawedog ac yn ddi-sgwrs. Mae'n rhaid ein bod ni'n genedl siaradus iawn, os ydyn ni'n cyfeirio at rywun distaw fel petai na ryw 'wst' neu gyflwr meddygol arno!

A chyn i'r 'gegwst' ddechrau cydio ynoch chithau hefyd, gwell i mi roi taw ar bethau yn y fan a'r lle. Neu, a siarad yn ddiflewyn ar dafod – jest cau 'ngheg!

33. TAFOD

Llun: Tafod y Ddraig – logo eiconig Cymdeithas yr Iaith.

Y '**tafod**', mae'n debyg, yw'r unig gyhyr yn y corff dynol sy'n gallu gweithio heb fod yn sownd wrth ryw ran neu'i gilydd o'r 'sgerbwd. Mae'n gallu symud bwyd o gwmpas y geg, mae'n ein galluogi i adnabod gwahanol flasau, ac hefo'r tafod 'dan ni'n llyfu.

Bydd anifail weithiau'n '**llyfu'i glwyfau**' ar ôl cael cweir, ond os 'dan ni'n dweud yr un peth am berson, dweud ydan ni ei fod wedi encilio, er mwyn pwdu ar ôl colli. Os byddwn yn cael codwm, dywedwn weithiau ein bod ni'n '**llyfu'r llawr**'. Yn y Beibl mae 'na sôn am **lyfu llwch** – '*A'i elynion a lyfant y llwch*' – hynny yw, ar ôl colli mewn brwydr, byddai'r milwyr oedd wedi'u trechu yn taflu'u hunain ar y llawr o flaen eu concwerwr i bledio am eu bywydau. Ond os dywedwn:

'*Wna'i ddeud "sori", ond dwi'm yn mynd i **lyfu llwch** iddo fo*',

dweud ydan ni, er ein bod yn fodlon ymddiheuro, na fyddwn ni ddim yn ymgreinio'n wasaidd fel yr Hebreaid yn y Beibl gynt.

Delwedd arall o fyd yr anifeiliaid yw sôn am '**lyfu llaw**', fel mae ci anwes yn llyfu llaw ei berchennog i gael mwythau yn ôl. Ond os ydi rhywun yn '**dipyn o lyfwr**', neu'n waeth fyth yn '**rêl** llyfwr tîn', mae'n un drwg am gynffona a ffalsio er mwyn ennill ffafriaeth.

Ond mae'r rhan fwyaf o'r geiriau a'r ymadroddion sy'n ymwneud â'r dafod yn cyfeirio at y modd mae'n ein helpu ni i ffurfio seiniau wrth siarad. Os oes gan rywun **'dafod aur'**, mae'n berson huawdl, ac mae ganddo ddawn siarad, ond os oes ganddo **'dafod tew'**, mae'n methu siarad yn glir, efallai am ei fod wedi bod yn yfed. Os ydi rhywun yn siarad **'heb flewyn ar ei dafod'**, siarad plaen yw hynny, ei 'deud hi go iawn', nid siarad hefo'r **'tafod yn y boch'**.

Weithiau, waeth pa mor 'ddiflewyn ar dafod' ydan ni, 'tafod aur' neu beidio, byddwn ni'n methu'n deg â dwyn perswâd ar rywun, ac yn dadlau'n ofer nes bod **'twll yn ein tafod'** ni. Wedyn, efallai y byddwn yn colli amynedd efo'r person yma ac yn ei geryddu o, neu yn ei **'dafodi'**, fel y mae rhai yn dweud. Mewn band pres, os ydi rhywun yn giamstar ar **'dafodi triphlyg'**, nid rhywun sy'n medru dwrdio tri chwaraewr tiwba ar yr un pryd ydi o, ond yn hytrach offerynwr medrus sy'n gallu chwarae nifer o nodau *staccato*'n gyflym mewn rhes.

Weithiau 'dan ni'n cysylltu'r tafod a'r cof. Os ydi rhywbeth gynnon ni **'ar dafod leferydd'**, mae'n golygu ein bod ni'n ddigon cyfarwydd ag o i fedru ei adrodd ar ein cof, ond os ydan ni'n methu cofio rhywbeth, wel, wedyn, mi fydd **'ar flaen ein tafodau'**!

Ond gan amlaf, hefo iaith yn hytrach na dim arall y byddwn yn cysylltu'r gair 'tafod', ac yn wir, **'tafodiaith'** ydi'n gair ni i ddisgrifio iaith nodweddiadol rhyw ardal ddaearyddol neu'i gilydd, fel iaith y Cofis yng Nghaernarfon, neu'r Wenhwyseg yng nghymoedd Gwent, a **'thafodieitheg'** wedyn ydi'r astudiaeth o nodweddion gwahanol dafodieithoedd fel hyn.

Mae 'Tafod y Ddraig', bathodyn Cymdeithas yr Iaith, wedi dod yn symbol o'r frwydr dros y Gymraeg, ac mae'n siwr fod rhyw adlais o hynny yn yr enw 'Tafod Tawe', sef siarter iaith a lansiwyd yn 2016 i hybu'r defnydd o'r Gymraeg ymhlith pobl ifanc Abertawe. 'Y Tafod' yw enw papur newydd y Gymdeithas hefyd, ac yn sgil hynny mae'n debyg, y daeth 'na bapur bro o'r enw 'Tafod Elai', ochrau Pontypridd a Llantrisant, a 'Tafod y Tab' sy'n gwasanaethu addolwyr y Tabernacl yn Efailisa.

Mae siâp y tafod wedi cynnig ei hun i ddisgrifio pob math o bethau. 'Tafod tywod' yw'r term daearyddol am ddarn o draeth yn ymestyn allan i afon, neu lyn. Mae gan gloch 'dafod' hefyd – dyna'r darn sy'n gwneud y sŵn – a 'thafod clorian' yw'r sbigyn sy'n pwyntio am i fyny i ddangos fod y ddwy ochr wedi unioni.

Mae 'na dros ugain o blanhigion wedyn sydd yn cynnwys 'tafod' yn rhan o'u henwau, a dyma ychydig o enghreifftiau: 'tafod y fuwch', 'tafod y llew', 'tafod y gors', 'tafod y pagan', heb anghofio wrth gwrs am 'dafod y fam-yng-nghyfraith'! Yn ôl yr ystrydeb, rhaid i bob gŵr ifanc ddysgu brathu'i dafod ym mhresenoldeb ei fam-yng-nghyfraith. Ac o flaen ei wraig ei hun o bosib; 'nerth gwraig yw ei thafod', meddai'r hen air – ond ystrydeb arall yw honno hefyd, beryg.

Plant, yn hytrach na gwragedd, sy'n ei chael hi yng Nghwm Tawe. Os ydyn nhw'n rhy barod i ateb 'nôl, bydd yr oedolion yn dweud:

'Mae isie torri peth o dy dafod di!'

I gloi, nid drwy siarad yn unig y defnyddiwn ni ein tafodau i gyfathrebu. Os ydan ni'n 'tynnu tafod', 'dan ni'n ei sticio allan o'r geg. Yng Nghymru gan amlaf, mae hynny'n arwydd o amharch, arwydd ein bod yn anghytuno â rhywbeth, neu'n arwydd fod rhywbeth yn ddrwg ei flas, ond yng ngwlad Tibet mae'n debyg fod 'tynnu tafod' yn ffordd o gyfarch rhywun arall a dangos parch iddyn nhw.

Gan fod gen innau barch mawr at fy ngolygydd, a ddim eisiau cael '**pryd o dafod**' am fwydro ymlaen yn rhy hir, gwell i ni dorri pethau'n eu blas yn fanno!

34. CLOCH

Llun: Cloch gyffredin – ond beth yw ei chysylltiad â'r gair cloc tybed?

O oedran cynnar iawn, mae clychau'n rheoli'n bywydau ni – yn yr ysgol, clychau fydd yn dweud wrth y plant pan mae hi'n amser egwyl, amser cinio, ac amser mynd adra – ond does dim byd yn newydd yn hyn. Mae'r syniad o rannu'r diwrnod i fyny hefo clychau yn dyddio nôl dros fil o flynyddoedd i oes y mynachlogydd, a hyd heddiw, tra bo'r Saeson yn holi *'what time is it?'*, 'dan ni'n gofyn 'faint o'r **gloch** ydi hi?'

Byddai'r mynachod yn canu clychau er mwyn hysbysu'i gilydd ei bod hi'n amser gweddïo. Mae'r gloch yn offeryn soniarus sy'n tynnu sylw rhywun, a hyd heddiw 'dan ni'n defnyddio'r idiom **'ma hwnna'n canu cloch'** pan 'dan ni'n cael ein hatgoffa o ryw beth. Pan fo rhywun yn amlwg ei lais ac yn fawr ei sŵn, dywedwn fod o'n **'uchel ei gloch'**. Efallai fod hynny'n sylw fymryn yn feirniadol, ond pan ddywedwn fod rhywun â **'llais fel cloch'**, canmol ansawdd eu llais ydan ni.

Ond gadewch i ni fynd nôl i'r dechrau'n deg. O le mae'r gair **'cloch'** yn dod?

Mae wedi ei fenthyg o'r gair Lladin *clocca*, ac fel hefo nifer o eiriau eraill a fenthyciwyd o'r Lladin roedd yn haws gan yr hen Gymry ddweud 'ch' yn hytrach na dwy 'c', felly aeth *clocca* yn 'clocha' ac yna'n 'cloch'. Yn yr un modd, aeth *siccus* yn **'sych'** a *pecco* yn **'pechu'** – ac mae'r un peth yn digwydd yn Saesneg Lerpwl heddiw, efo'u *chichen* a'u *Albert Doch*!

Ond os ydan ni am ddeall rôl y gloch ym mywydau'r Cymry gynt rhaid edrych yn agosach ar drefn diwrnod yn y mynachlogydd, lle cychwynnodd yr arferiad.

O fewn nifer o urddau mynachod, mae'r diwrnod yn dechrau am 6 y bore gyda chaniad cloch y fynachlog. *Prime* yw'r enw ar hyn, o'r gair Lladin am 'cyntaf', sef *primus*. Daw cloch wedyn ar y drydedd awr, *tertia* yn Lladin, neu naw o'r gloch yn ôl ein cloc ni. Wedyn mae cloch arall ar y chweched awr (hanner dydd), sef *sextus*, a chloch arall ar y nawfed awr, sef tri o'r gloch y p'nawn.

Mae'r enwau Lladin yma ar y clychau wedi rhoi geiriau Cymraeg i ni – *nona* yw'r gair Lladin am y nawfed awr, sef tri o'r gloch, ac mae *nona* wedi rhoi 'nawn' i ni, sef y **'nawn'** sydd yn **'prynhawn'**. Felly, y 'prynhawn' yw'r pryd neu'r adeg o'r dydd pan glywn ni y 'nawn', neu gloch y nawfed awr.

Mae 'na eiriau eraill sydd wedi dod i'r Gymraeg o hen drefn y mynachod o rannu eu diwrnodau – y gair **'awr'** ei hun o'r Lladin *hora*, a'r gair **'anterth'** o'r Lladin *ante tertiam*, sef 'cyn y drydedd awr', neu cyn naw o'r gloch y bore yn ôl ein trefn gyfoes ni. Dwi'm yn siwr os dw'inna yn fy anterth yr adeg yna o'r bore, ond felly oedd yr hen fynachod yn ei gweld hi mae'n rhaid, a hwythau wedi codi gyda'r wawr, chwarae teg iddyn nhw!

Erbyn heddiw, wrth gwrs, mae'r rhan fwyaf ohonon ni'n dibynnu ar glociau, yn hytrach na chlychau i'n codi ni o'n gwlâu ac i fesur y diwrnod. Mae'r sôn cyntaf am **'gloc'** yn y Gymraeg dros chwe chan mlynedd yn ôl, mewn cywydd i'r cloc, a sgwennwyd gan Ddafydd ap Gwilym o bosib. Un o'r clociau mecanyddol cynhara' fase hwn, cloc cyhoeddus wedi'i osod ar wal abaty neu eglwys efallai, ac mae'r bardd yn cwyno fod y sŵn tician yn ei gadw'n effro yn y nos:

'**Cloc** *anfwyn mal clec ynfyd*
Cobler brwysg, cabler ei bryd.'

Cloc 'annymunol' neu 'anfwyn' oedd hwn, a'i glecian fel crydd meddw neu '**gobler brwysg**'. "Melltith ar ei wyneb!" meddai'r bardd, neu '**cabler ei bryd**'!

'Dan ni wedi hen arfer hefo clociau ers hynny – ond o ble daeth y gair 'cloc' yn wreiddiol? Mae'n air Cymraeg ers dros 600 mlynedd fel y clywson ni'n barod, ac o'r Saesneg *clocke* y menthyciwyd y gair i'r Gymraeg. Ond roedd y Saeson wedi menthyg y gair eu hunain, o'r gair Iseldireg *klokke*, ac roedd yr Iseldirwyr yn eu tro wedi menthyg y gair o'r Lladin *clocca*.

Felly, mae 'cloch' a 'cloc' yn y pen draw wedi tarddu o'r un gair Lladin, ac mae'n hawdd gweld pam.

Doedd dim bysedd ar y clociau cynhara' – ond roedd ganddyn nhw gloch i daro'r awr. Felly newidiodd '*clocke*' ei ystyr wreiddiol o 'gloch' syml, i'r 'gloch-oedd-yn-sownd-mewn-dyfais-fecanyddol-ar-gyfer-mesur-amser', ac yn y pendraw aeth 'cloc' i olygu'r ddyfais ei hun.

A dyna pryd y cafodd y gair newydd yma ei fenthyg i'r Gymraeg, ond mewn ffordd doedd o ddim yn newydd o gwbl, jest fersiwn newydd o air oedd gynnon ni yn barod. Ac er bod clociau bellach yn ddigidol gan amlaf, heb glychau ar eu cyfyl nhw, bob tro 'dan ni'n gofyn 'faint o'r **gloch** ydi hi?' 'dan ni'n cysylltu'n hunain hefo ystyr gwreiddiol y gair 'cloc' hefyd.

35. TALCEN

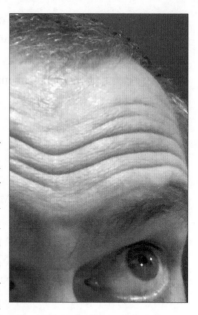

Llun: 'Talcen crych' – enw ar grŵp o ganol y 1970au! Ond o ble ddaw'r gair 'talcen'?

Er mwyn esbonio'r gair **'talcen'** dwi am ddechrau hefo atgof o gerdded lawr stryd gefn yng Nghaernarfon rhyw flwyddyn neu ddwy yn ôl. Dwi'n cofio gweld criw o blant, tua wyth oed, yn cuddio tu ôl i wal ac yn gweiddi ar bobl oedd yn pasio, ac yna'n cuddio cyn i'r bobl eu gweld nhw! Roedd hi'n amlwg yn dipyn o gystadleuaeth rhwng y plant 'ma, pwy oedd yn gallu dweud y peth mwya' doniol – aeth dyn moel heibio a dyma un yn gweiddi **'pen fel wy'** a'r lleill yn glanna' chwerthin!

Mae rhyw ddireidi fel'na yn hen arfer gan y Cymry. Os edrychwn ni yn y llyfr ffôn, mi welwn ni fod llawer o gyfenwau wedi deillio o nodweddion corfforol ein cyndeidiau. Byddai rhywun byr yn cael ei alw'n **'Fychan'**, ac yna, pan ddaeth y Saeson i gofnodi'r enwau hyn, roedden nhw'n eu sillafu yn ôl eu rheolau hwythau – 'gh' oedden nhw'n defnyddio i gynrychioli'r sŵn 'ch', felly aeth Fychan yn *Vaughan*. Aeth y sain 'ch' yna'n dawelach ac yn dawelach yn y Saesneg, nes diflannu'n gyfangwbl, ond mae'r hen sillafiad wedi parhau. Mae sawl cyfenw arall wedi datblygu yn yr un modd – yr enw **'Brace'** wedi dod o rywun oedd yn **'fras'**, neu'n 'dew'. Cymerwch wedyn yr arloeswr ffilm o Gymru, William Haggar; roedd un o'i gyndadau yntau, mae'n debyg, yn **'hagr'**, neu'n 'hyll'. Yn ola, yn ardal Dinbych mae cwmni bysus o'r enw Voyles, a dyn efo 'pen fel wy' oedd un o gyndadau'r teulu hwn – hynny yw, roedd o'n **'Foel'**.

Pan fo dyn yn colli'i wallt, bydd pobl yn sôn weithiau ei fod o'n **'tyfu talcen'**, ac mae hynny'n dod â ni'n ôl at y gair dan sylw: 'talcen'. Benthyciad o'r Wyddeleg ydi'r gair hwn, ac mae nifer o eiriau eraill yn y Gymraeg wedi eu benthyg o'r iaith honno – **'twlc'** a **'tolc'**, er enghraifft, ac hefyd **'brechdan'** a **'cadach'**.

Am gyfnod yn yr Oesoedd Canol Cynnar roedd mewnfudwyr o Iwerddon wedi setlo yng ngorllewin ein gwlad, yn Llŷn ac ym Mhenfro, a byddai hynny wedi hwyluso'r broses o fenthyg geiriau o'u hiaith nhw. Mae dau air 'dan ni'n eu cysylltu â thafodiaith sir Benfro, sef **'parc'** (yn lle 'cae') a **'cnwc'** (yn lle 'bryn') hefyd yn eiriau sydd wedi'u menthyg o'r Wyddeleg. Mae 'talcen' felly wedi hen ennill ei le yn y Gymraeg, ond beth oedd ei ystyr yn y Wyddeleg wreiddiol?

Mae'r elfen '–cen' yn golygu **'pen'**, ac ystyr 'tal' yw **'neddyf'**, sef math o dwlsyn ar gyfer naddu coed (*adze* yn Saesneg, math o fwyell hefo'i phen wedi'i droi ar ei ochr).

Ond sut mae'r gair Gwyddeleg am ben neddyf wedi dod yn air Cymraeg am flaen pen rhywun?

Rhywbeth arall oedd yn cysylltu Cymru ac Iwerddon yn yr Oesoedd Canol Cynnar, heblaw y

ffaith fod Gwyddelod yn dod yma i fyw, oedd y ffaith fod gan yr eglwys Geltaidd nifer o arferion gwahanol i'r eglwys yn Rhufain. Roedden nhw'n dathlu'r Pasg ar adegau gwahanol, roedden nhw'n caniatáu i'w hoffeiriaid briodi – ac roedd eu mynachod yn torri'u gwalltiau'n wahanol.

Tra bod mynachod eglwys Rhufain (fel y gwelwn yn y llun ar y chwith isod) yn siafio corun eu pennau i ddangos bod nhw wedi cysegru eu bywydau i addoli Duw, roedd mynachod Celtaidd yn siafio blaen y pen (fel y gwelwn ar y dde). Gyda'r mynach Celtaidd, mae siafio'i ben fel'na yn gwneud i

flaen ei ben o edrych fel llafn neddyf, felly mae ein term ni am y rhan yna o'r pen wedi dechrau fel slang direidus am sut oedd mynachod Celtaidd yn edrych erstalwm.

Dyw'r stori ddim yn gorffen yn fanno. Dechreuodd glowyr gyfeirio at wyneb y glo fel 'talcen' gan ei fod yn gul ac yn galed yn yr un modd. Roedd rhai yn haws i'w gweithio na'i gilydd – os oedd dyn yn gweithio mewn **'talcen caled'**, byddai'n ennill llai o lo a llai o gyflog ar ddiwedd y mis. Mae hyn wedi dod yn ymadrodd cyffredinol am unrhyw sefyllfa anodd, ac ysbrydolodd gyfres o'r un enw ar S4C, lle roedd y rhan fwyaf o'r cymeriadau yn straffaglu byw dan amgylchiadau anodd.

Ar ôl gorffen shifft yn y gwaith glo, mae'n bosib iawn y byddai glöwr am dorri'i syched yn y dafarn. Efallai y byddai cymaint o syched arno nes iddo yfed peint '**ar ei dalcen**'. Nid ei yfed yn araf, fesul llymaid, ond ei dollti i lawr mewn un, fel bod y gwydr yn cyffwrdd â'r talcen.

Mae'r gair 'talcen' wedi teithio'n bell ers iddo gael ei fathu mewn abaty Celtaidd fileniwm a hanner yn ôl. Ond gan fod y mynachod yn llafurio'n galed yn eu caeau i dyfu'u cnydau eu hunain ac yn cael eu cydnabod fel bragwyr tan gamp, dwi'n siwr y byddai rhai o'r ymadroddion eraill 'ma sydd wedi deillio o'r gair 'talcen' wrth eu boddau nhwthau hefyd. Iechyd da!

36. DWYLO

Llun: Dwy law – ynteu dwylo?

Daw'r gair **'dwylo'** o **'ddwy law'**, wrth gwrs, ond feddylioch chi erioed ei bod hi'n od ein bod ni'n defnyddio'r gair 'dwylo' nid yn unig i olygu 'dwy law' ond hefyd tair llaw, pedair, pump, ac yn y blaen? Dyma ffurf luosog gyffredin y gair **llaw** bellach.

Ffurf ddeuol oedd 'dwylo' yn wreiddiol, ac mae 'na ambell enghraifft debyg arall yn y Gymraeg. **'Deuddyn'** 'dan ni'n ei ddefnyddio weithiau am gwpl, er enghraifft mewn gwasanaeth priodas, a **'cleddyf deuddwrn'** oedd yr enw ar yr hen gleddyf trwm yr oedd angen dwy law i'w drafod.

Er hyn, **'dyrnau'** fyddwn yn ei ddweud am fwy na dau ddwrn, ac os yn sôn am fwy na deuddyn, **'dynion'** neu bobl fyddwn ni'n ei ddefnyddio. Mae 'dwylo' yn un o'r ychydig engreifftiau yn y Gymraeg, felly, o ffurf ddeuol yn cael ei defnyddio fel ffurf luosog.

Mae'r ffurf ddeuol yn fwy cyffredin yn y Llydaweg. *'Daoulagad'* yw llygaid, *'divrec'h'* yw breichiau, a *'divskouarn'* yw clustiau. (Yr un gair ydy *'skouarn'* gyda llaw, â'r elfen gyntaf yn y gair Cymraeg **'sgwarnog'**, sydd wrth gwrs yn greadur digon 'clustiog'!)

Mae sawl ymadrodd yn cynnwys y gair 'dwylo'. Os ddywedwn ni fod rhywun â **dwylo blewog**, mae'n lleidr, ond pam ydan ni'n credu hyn? Mae'n deillio, mae'n debyg, o'r stori yn y Beibl lle twyllodd Jacob ei dad dall, Isaac, drwy smalio mai ei frawd, Esau, oedd o. Gan fod Esau yn fwy blewog nac yntau, gwisgodd Jacob groen gafr ar gefn ei ddwylo er mwyn dwyn bendith gan ei dad:

'Am fod ei ddwylo'n flewog fel dwylo Esau ei frawd, felly bendithiodd ef.'

O'r Beibl hefyd y daw'r ymadrodd **'golchi ei ddwylo'** am rywun sy'n gwrthod derbyn cyfrifoldeb am rywbeth; dyna wnaeth Pontius Peilat i ddangos nad oedd yn derbyn cyfrifoldeb am groeshoelio Iesu Grist:

*'cymerodd ddŵr, a **golchodd ei ddwylo** o flaen y dyrfa, a dweud, "Yr wyf fi'n ddieuog o waed y dyn hwn; chwi fydd yn gyfrifol."'*

Yn y Gogledd, os ydy rhywun yn **'dal ei ddwylo'**, mae'n arwydd o segurdod, ond gormod o waith sydd gan rywun a **'llond ei ddwylo'**. Ystyr gwreiddiol 'llond ei ddwylo' oedd rhywun oedd yn cario cymaint ag y gallai, ond erbyn hyn, mae'n cael ei ddefnyddio'n fwy cyffredinol i ddisgrifio unrhyw fath o gyfrifoldeb:

*'Rhwng tendio ar ei mam a'i gwr, a magu'r plant, mae ganddi **lond ei dwylo** ddudwn i.'*

Os bydd rhywun yn siarad **'dan ei ddwylo'**, mae'n siarad mewn anwybodaeth. Dyma enghraifft o'r nofel 'Enoc Huws' gan Daniel Owen:

*'Hwyrach y medrwn i roi tipyn o oleuni ar hynny, bydawn i'n dewis, ond mae pobol yn amal yn siarad **dan 'u dwylo**.'*

Y ddelwedd sydd yma yw o rywun sy'n ymbalfalu yn y tywyllwch, hefo dim ond yr hyn mae'n medru'i deimlo dan ei ddwylo i'w arwain ar ei ffordd, ond mae ystyr arall i'r ymadrodd hwn. Dyma gyngor oedd gan y digrifwr Ifan Gruffydd wrth drafod sut i berfformio comedi:

'Rhaid cyflymu a dal i gyflymu o hyd hefo comedi, neu fe aiff yn fflat **dan eich dwylo** *chi.'*

Yn y cyswllt yma mae 'dan eich dwylo' yn golygu rhywbeth fyddwch chi wrthi'n gweithio arno ar y pryd. Yn aml mae'n cael ei ddefnyddio i gyfleu rhywbeth negyddol:

'Mae'r claf druan yn darfod **dan eu dwylo** *nhw.'*

Hynny yw, dim ots faint o ofal gaiff y claf, mae'n gwaethygu yr un fath.

Wel, cyn i'r bennod yma **'farw dan ein dwylo'**, a chyn i neb ohonoch **'blethu dwylo'** a gweddïo am weld diwedd y bennod, dwi'n meddwl ei bod hi'n amser i **'laesu dwylo'** (eu gadael i hongian yn llaes wrth fy ochr, yn gwneud dim) cyn symud ymlaen i'r bennod nesaf.

37. BRAICH

Llun: Ymestyn ei braich mae'r ddraig a gerfiwyd mewn i fraich cadair olaf Hedd Wyn...

Mae'r gair '**braich**' yn un o'r cannoedd o eiriau yn ein hiaith ni sydd wedi eu menthyg o'r Lladin – y rhan fwyaf yn dyddio nôl i'r cyfnod pan fu ein cyndadau Brythonig yn cydfyw hefo'r Rhufeiniaid ar yr ynys hon. Wrth iddyn nhw ymwneud â'r Rhufeiniaid o ddydd i ddydd, y mae'n debyg fod rhai geiriau wedi eu mabwysiadu am eu bod nhw'n disgrifio pethau nad oedd y Brythoniaid wedi'u gweld o'r blaen. Er enghraifft, '**ffenestr**', o'r Lladin *ffenestra*, neu '**golofn**', o'r gair Lladin *columna*. Ond pam yn y byd y basen nhw wedi bod eisiau menthyg gair Lladin fel '*bracchium*', sydd wedi rhoi ein gair Cymraeg ni, '**braich**'?

Mae'n anodd dychmygu'r hen Gymry yn sylweddoli un diwrnod,

'*Bobol bach! Be di'r peth hir 'ma rhwng fy law a f'ysgwydd? Well 'mi gael enw ar ei gyfer.*'

Ond pam dewis gair estron yn lle'r gair cynhenid? Mae'n gwestiwn diddorol – ond efallai y bydd hi'n rhyw gysur i ddeall fod y Rhufeiniaid hwythau wedi menthyg y gair yn eu tro. Roedd *bracchium* wedi dod i'r iaith Ladin o iaith Groeg!

Un esboniad posib oedd fod gan yr hen Gymry enwau ar y gwahanol rannau o'r fraich, ond nid ar y fraich gyfan. Fel mae'r gair '**penelin**' yn awgrymu, yr '**elin**' yw'r hen enw ar ran isa'r fraich. Byddai pobl yn dweud erstalwm, os oedd dau berson mewn perthynas, eu bod nhw '**fel elin ac arddwrn**', sef y ddau ddarn nesa' at ei gilydd ar ben dy fraich. Ac mae '**elin**' neu *uillean* yn air gan y Gwyddelod hefyd – un o'u hofferynnau traddodiadol yw'r pibau elin, neu'r *uillean pipes*, lle mae elin yn gweithio'r fegin sy'n chwythu'r pibau.

Mae 'na nifer o wahanol ymadroddion sy'n cynnwys y gair 'braich' neu 'freichiau'. Pan 'dan ni'n sôn am '**gynnal breichiau**' rhywun 'dan ni'n eu cynorthwyo nhw, eu cefnogi:

'*Y mae'n ddyletswydd ar y genhedlaeth hŷn i **gynnal breichiau**'r bobl ifainc sy'n brwydro dros yr iaith*.'

Mae'r syniad o 'gynnal breichiau' efallai'n consurio'r ddelwedd o rywun yn cael ei hebrwng adre gan ei ffrindiau ar ôl iddo gael gormod i'w yfed, ond mewn gwirionedd mae'r ymadrodd yn dod o'r Beibl.

Roedd Israel yn ymladd yn erbyn Amalec a chyn belled â bod Moses yn gallu dal gwialen Duw yn yr awyr uwch ei ben, byddai byddin Israel, dan arweiniad Joshua, yn ennill. Aeth Moses i ben y bryn hefo Aron a Hur i gynnal ei freichiau:

"Pan aeth ei ddwylo'n flinedig, cymerwyd carreg a'i gosod dano, ac eisteddodd Moses arni, gydag Aaron ar y naill ochr iddo a Hur ar y llall, yn cynnal ei ddwylo, fel eu bod yn gadarn hyd fachlud haul. Felly, gorchfygodd Josua Amalec ..."

Fel Cymry, 'dan ni wastad wedi edmygu nerth corfforol, ac mae hynny'n cael ei adlewyrchu mewn nifer o ddywediadau sy'n cynnwys y gair 'braich':

'*Fydd gofyn dipyn o **fôn braich** i 'neud hynne,*'

Dyna ddudwn ni am ryw waith trymach na'i gilydd, ac wrth gwrs, ym môn y fraich, rhwng ysgwydd a phenelin, y mae'r cyhyrau mwyaf pwerus, sef y *biceps* a'r *triceps*.

Os ydan ni'n gwneud rhywbeth '**nerth braich ac ysgwydd**', 'dan ni'n ymroi i'r dasg yn llwyr, ac roedd nerth corfforol yn cael ei edmygu mewn merched yn ogystal â dynion gynt. Wrth ddewis cymar, byddai pobl Sir Gaerfyrddin yn dweud erstalwm:

'*Mae canpunt **ym môn ei braich** yn well na chanpunt yn ei phoced.*'

Hynny yw, gwell cael rhywun sy'n gallu gweithio, yn y gobaith y byddai'r gwaith yna yn troi'n elw dros amser. '**Mae nerth gwraig yn ei braich**' meddai eraill, er fod rhai yn dweud fod '**nerth gwraig yn ei thafod**', ond awn ni ddim ar ôl hynny rwan!

Mae 'braich' wedi dod yn air cyffredinol am unrhyw beth sy'n sticio allan, yn debyg i fraich. Cewch '**fraich o dir**' yn ymestyn allan i'r môr, a bydd morwyr yn sôn am '**fraich o'r môr**' yn ymestyn mewn i'r tir!

Mae 'breichiau' gan felin wynt, a 'breichiau' gan drol, neu ferfa, sef y llorpiau neu'r shafftiau. Ac mae 'breichiau' gan olwyn, sef y sbôcs.

Gall breichiau dynnu pobl aton ni, neu eu cadw nhw draw. 'Dan ni'n sôn weithiau am gadw rhywun '**hyd braich**', ac mae '**perthynas hyd braich**', wedyn, braidd yn ffurfiol, a '**gwahoddiad hyd braich**' yn wahoddiad sy'n cael ei roi ychydig yn gyndyn, efallai.

Ond, ar y llaw arall, (os ga'i ddweud hynny wrth drafod breichiau!) mae breichiau yn gallu bod yn arwydd o agosatrwydd go iawn. Byddwn ni'n '**breichio**' partner wrth ddawnsio, ac mae'r gair yna'n gallu disgrifio unrhyw ddau berson yn cerdded fraich ym mraich hefo'i gilydd:

'*Roedden nhw'n **breichio**'i gilydd wrth gerdded mâs o'r cwrdd.*'

Ac mi wnawn ni orffen hefo'r dywediad hyfryd yma o Ynys Môn:

'*Swn i'm yn meddwl mynd i dŷ galar heb fod fy **mraich i'n gam**.*'

Hynny yw, fod gan rywun rywbeth dan ei gesail i helpu teulu'r ymadawedig. A rhyw sentiment tebyg am wn i, sydd yng nghân Ffa Coffi Pawb:

'*Mae ganddi freichiau hir,*
Wel dwi'n deud y gwir
Awn nhw rownd y byd
A dod a phawb at ei gilydd.'

38. HERCO

Llun: Plannu blodau mewn coeden mae'r herco hwn, yn Nanning. Ond maen nhw'n edrych yn fendigedig.

Bydd fy mam yn dweud wrtha'i weithiau,

*'Ti'm hannar **herco**!"*

– fel arfer, ar ôl i mi adrodd rhyw stori wrthi am rhywbeth gwirionach na'i gilydd dwi newydd ei wneud. Dyna'i fhordd hi o ddweud *'ti'm hanner call'* neu rywbeth tebyg – ond beth yn union ydi ystyr y gair 'herco' 'ma?

Mae **'herc'** yn gallu cyfeirio at ffordd o symud. Os dywedwn:

*'Odd tipyn o **herc** 'dag e,'*

disgrifio rhywun cloff ydan ni. Ym Morgannwg weithiau disgrifir pellter byr drwy ddweud:

*'Smo fe'n bell – ma fe o fewn **'erc** i ti!'*

Hynny yw, mae mor agos, mae hyd yn oed o fewn cyrraedd i rywun cloff. Yn y Gogledd, defnyddiwn y gair **'hercian'** i ddisgrifio sut y mae rhywun cloff yn cerdded:

*'Pam wyt ti'n **hercian**?'*

'Gesh i gic yn 'y mhenglin yn ystod y gêm neithiwr.'

Mae 'herc' wedi ei fenthyg o'r gair Saesneg *'jerk'*, yn ôl *Geiriadur y Brifysgol*. Ac os ydi rhywun yn cerdded gyda herc yn ei gam, *'jerky'* fyddai'r union ansoddair yn y Saesneg i ddisgrifio'r ffordd mae'n symud.

Yn y Gorllewin 'herc' yw'r elfen sydd i'w glywed ynghanol y gair **'cymercyn'**. Datblygodd y gair yn wreiddiol i ddisgrifio rhywun oedd â 'cham herc', rhywun oedd yn 'gam-herc-yn' ac yna daeth yn ddisgrifiad mwy cyffredinol am unrhyw un musgrell neu ffaeledig:

*'Ma fe wedi bod yn reit **gymercyn** drw'r gaea.'*

'Herc' yw'r elfen gyffredin yn y geiriau hyn i gyd – ond ai'r un 'herc' sydd yma â'r 'herc' sydd yn 'herco' fy mam?

Gadewch i ni ystyried trywydd posib arall. Yn ardal Caernarfon mae rhai yn defnyddio'r gair **'hercan'** pan fo rhywun wedi cael torri'i wallt yn reit gwta neu'n grop:

*"Ti 'di cal dipyn o **hercan,** do!"*

Ond mae'r 'herc' yma'n dalfyriad o'r gair Saesneg *haircut*, gyda '-an' wedi'i ychwanegu at y gair Saesneg i wneud iddo swnio'n fwy Cymreigaidd.

Mae sawl gair arall yng Nghymraeg y Gogledd sydd wedi eu ffurfio'n yr un modd – mae'r gair Saesneg *jade* (sef dynes flin a chwrs) wedi rhoi'r gair Cymraeg **'jadan'**, tra bod y gair Saesneg *dollop* wedi rhoi'r gair Cymraeg **'jolpan'**.

Ond ydan ni damaid yn nes at ddeall be ydi'r 'herc' yn 'herco'?

Mae'n werth codi rhai o'r posibiliadau eraill hyn, er mwyn dangos pa mor bwysig ydi hi, wrth esbonio geiriau, i beidio cydio yn y gair cynta' sy'n swnio'n debyg, a rhedeg i ffwrdd hefo hwnnw. Mi fase'n hawdd iawn gwneud rhyw stori i honni fod

*"Ti'm hannar **herco**!"*

yn disgrifio'r olwg od ar rywun sydd am ryw reswm wedi cael torri hanner ei wallt, wedi cael hanner 'hercan'...

Neu beth am gynnig fod 'herco' yn disgrifio rhywun sydd â meddwl cloff fel yn y gair 'hercian'?

Hollol anghywir fase'r ddau esboniad yna, achos mae'r gair 'herco' yn dod o 'hanner' a 'cof'. Roedd rhywun oedd â hanner cof yn cael ei ystyried yn 'ffôl' neu'n 'ynfyd'. Roedd Morrisiaid Môn yn llythyru'n gyson a'i gilydd ar ganol y ddeunawfed ganrif ac yn siarad yn ddigon di-flewyn-ar-dafod am y bobl o'u cwmpas, fel yn yr enghraifft yma:

*"Un **hanner côf** yw hi, meddant imi."*

Roedd rhai yn ynganu 'hanner cof' fel un gair yn lle dau, hynny yw, fel '**hannerco**' yn lle 'hanner cof', ac wedyn, cam bach yn unig oedd hi i gywasgu'r gair ymhellach yn '**nerco**'. Dyma air mae Daniel Owen yn ei ddefnyddio sawl gwaith yn ei nofelau, ar ddiwedd y bedwaredd ganrif ar bymtheg. Mae ewyrth Rhys Lewis yn sôn am ei nai Bob fel 'nerco':

*"Ffŵl oedd Bob! ... fyne fo ddim rhedeg, ac fel **nerco** fe aeth i'r jail."*

A ffurf arall wedi ei gywasgu o 'hanerco' yw 'herco'. Mae'n ymddangos mewn papurau Cymraeg o ddiwedd yr 1870au ymlaen. Dyma enghraifft o'r Faner yn 1905:

*"Yr wythnos ddiweddaf yr oedd (...) motor beic yn chwyrnellu trwy bentref Bagillt, heibio swp o hogiau. 'Pwy gebyst ydi'r **herco** yna sydd yn myn'd fel cath i gythrel?' gofynnai un."*

Ystyr 'herco' yn fanno yw person od, ynfytyn – ond mae yn gallu cael ei ddefnyddio mewn ffordd annwyl yn ogystal â mewn ffordd ddifrïol. Yn ôl y *Welsh Vocabulary of the Bangor District* a gafodd ei gyhoeddi yn 1913 gan Osbert Henry Fynes-Clinton, byddai pobl Bangor a'r cylch yn cyfeirio at ei gilydd weithiau fel **"yr hen hanner herco gwirion"**.

Y llyfr arloesol hwnnw oedd yr astudiaeth drylwyr gyntaf erioed o un o dafodieithoedd y Gymraeg. Ac mae'n dangos hefyd, pan fo fy mam yn dweud wrtha'i,

"Ti'm hannar herco!"

fod yna fwy o bedigri nag y tybiwn i erioed i'r ymadrodd syml hwnnw. Diolch Mam!

39. Ei

Llun: Cerflun William Salesbury ar wal Cadeirlan Llanelwy. Salesbury wnaeth gyflwyno'r gair 'ei' i'r Gymraeg...

Na, nid rhyw erbychiad powld er mwyn cael sylw rhywun – ei! – sy gen i y tro hwn, ond yn hytrach y rhagenw personol dibynnol blaen. Hynny yw, yr **'ei'** dach chi'n ei weld wrth ysgrifennu pethau fel 'ei gôt' neu 'ei chap'.

Mae dysgu sut i sgwennu a sillafu yn gallu bod yn dipyn o fwrn arnon ni pan 'dan ni'n ifanc. Mae'r ffordd mae'r Saeson yn sillafu'u hiaith yn ddiarhebol o gymhleth. Mae'r llythyren 'c' yn gallu cynrychioli'r sain 'c' mewn geiriau fel *cough*, *cat* a *culture*, ond weithiau mae'n cynrychioli'r sain 's', fel yn *city*, *century* a *cement*. A be wnewch chi efo'r llythrennau o-u-g-h yn Saesneg? Maen nhw'n gallu cynrychioli sawl sain – *cough*, *through*, *tough* a *bough*!

Mae orgraff y Gymraeg, ar y llaw arall, yn lot haws, ac ar y cyfan mae un llythyren yn cynrychioli un sain yn unig. 'Dan ni'n sgwennu ein hiaith ni mewn ffordd eitha ffonetig; 'dan ni'n sgwennu'n agos at sut 'dan ni'n siarad.

Ond mae'r gair 'ei' yn un o'r eithriadau yn y Gymraeg. Ar lafar, 'i' 'dan ni'n ddeud:

'*(E)i dad e*'
'*(E)i chath hi.*'

'I' (neu 'y')oedd yn cael ei sgwennu yn y llawysgrifau cynharaf, felly pam 'dan ni'n sgwennu 'ei' rwan – ond yn dal i ddweud 'i'?

Wel, y rheswm am hynny yw dyn o'r enw William Salesbury.

Ganwyd Salesbury tua 1520 ac roedd yn un o gymwynaswyr mawr y Gymraeg. Fo oedd un o'r arloeswyr o ran argraffu'r iaith, mi gyfieithodd y Testament Newydd i'r Gymraeg, a gosododd y seiliau ar gyfer Beibl William Morgan yn 1588.

Roedd yn un o Gymry mwyaf dysgedig ei oes, ac yn medru Hebraeg, Groeg a Lladin ymysg ieithoedd eraill. Ei ddiddordeb mewn ieithoedd oedd tu cefn i'w awydd i arbrofi hefo sut oedd y Gymraeg yn cael ei sillafu. Roedd Salesbury wedi dyfalu'n gywir fod nifer o eiriau yn y Gymraeg yn tarddu o'r Lladin – bod 'eglwys' yn dod o'r Lladin *ecclesia*, fod 'disgybl' yn dod o *discipulus*, ac yn y blaen.

Ond gan fod Salesbury yn awyddus i godi statws y Gymraeg, a chan mai Lladin a Groeg oedd prif ieithoedd addysg y cyfnod, tybiodd yntau y basa'n syniad da i sillafu'r Gymraeg mewn ffordd fasa'n amlygu'r berthynas hefo'r Lladin. Felly er enghraifft, yn lle sgwennu 'eglwys' yn y ffordd arferol, roedd o'n sgwennu 'eccles', i ddangos fod o'n dod o *ecclesia*. Doedd o ddim yn bwriadu i bobl ddweud 'eccles', ond roedd hyn yn groes i arferion y Gymraeg, ac yn drysu pobl, felly ar y cyfan wnaeth yr arfer ddim cydio.

Mi roedd yna ambell i eithriad, fodd bynnag. Roedd Salesbury'n meddwl fod 'na gysylltiad rhwng y rhagenw personol '(e)i' a'r gair Lladin *eius*, ac o'r herwydd dechreuodd sillafu'r gair hefo 'e' ac 'i'. Y tro hwn roedd o'n anghywir – er bod cannoedd o eiriau Cymraeg yn tarddu o'r Lladin, doedd hwn ddim yn un ohonyn nhw – ond yn eironig, dyma'r sillafiad wnaeth gydio. Mi newidiodd Salesbury rai o'r rhagenwau eraill hefyd i fatsio, ac ers hynny **'ein'** ac **'eich'** 'dan ni'n sgwennu, er mai **'yn'** ac **'ych'** sydd yn y llawysgrifau cynhara' a dyna ydan ni'n dal i'w ddweud ar lafar hyd heddiw.

Nid Salesbury oedd yr unig ddyn yn ei gyfnod i feddwl fel hyn. Roedd rhai awduron Saesneg oedd yn awyddus i ddyrchafu'u hiaith hwythau drwy ddangos ei chysylltiad hefo'r Lladin. Yn yr un cyfnod, dechreuodd y Saeson sillafu'r geiriau *debt* a *doubt* hefo llythyren 'b' yn y canol, er mwyn dangos eu bod nhw'n dod o'r geiriau *debitum* a *dubitare*. Doedd yna ddim 'b' yn y geiriau hyn yn wreiddiol, a tydi'r 'b' ddim yn cael ei ynganu hyd heddiw.

I gloi, mae 'na un gair arall a gafodd ei newid gan Salesbury sydd wedi goroesi mewn Cymraeg cyfoes. Roedd Salesbury wedi dyfalu (yn gywir y tro hwn!) mai o'r gair Lladin *sanctus* oedd ein gair ni, **'sant'**, wedi dod. Felly, ysgrifennodd 'sanct' hefo 'c' i ddangos hynny, ac mi wnaeth yr un fath hefo'r ansoddair **'santaidd'**. Ond er ein bod ni'n dal i ddweud 'i', 'yn' ac 'ych' yn lle 'ei', 'ein' ac 'eich', mae **'sanctaidd'** erbyn wedi hen ddisodli'r gair gwreiddiol 'santaidd'. Ac mae'r diolch am hyn i William Salesbury.

40. Calon

Llun: Er iddo ymddangos fel enw diledryw Cymraeg, enw chateau yn ardal Bordeaux yw Calon Ségur. Ond mae glasiad o win yn sicr, yn eli'r galon i sawl un!

Y galon yw'r sŵn cyntaf a glywn ni yn y groth, a phan mae'n stopio curo, mae bywyd ar ben. 'Sdim rhyfedd, felly, fod y gair **'calon'** yn un mor amlwg yn ein hiaith ni:

'*Dwi bach yn **ddigalon**'*

'*Mae'r achos yma'n un **agos at fy nghalon i**'*

'*Mae hynny'n **galondid**'*

'*Roedd o'n siarad **o'r galon**'*

Ond pam fod y gair hwn am organ cyhyrog yng nghanol y frest yn cael ei ddefnyddio mewn cymaint o ffyrdd gwahanol? Dim ond ers cyfnod y gwyddonydd William Harvey ar ddechrau'r ail ganrif ar bymtheg 'dan ni wedi deall mai:

'*y **Galon** ... sy'n derbyn y Gwaed i mywn o'r Gwythienneu, ac yn ei dywallt allan eilweith i'r Arterieu.*' (David Lewis, *Golwg ar y Byd* 1725)

Cyn hynny, doedd pobl ddim yn hollol siwr be'n union oedd y

galon yn ei wneud, ond roedden nhw wedi sylweddoli ei bod hi'n cyflymu pan fyddai dyn yn cynhyrfu, ac yn arafu eto wrth iddo ymdawelu. Hawdd gweld felly sut oedd pobl yn yr oes o'r blaen wedi mynd i gredu mai'r galon oedd yn rheoli'r emosiynau.

Mae'r syniad yna yn parhau mewn Cymraeg llafar hyd heddiw:

'Mae 'nghalon i'n dweud y gwnaiff Wrecsam ennill y gwpan, ond mae 'mhen i'n dweud fel arall.'

Y pen yn fanno sy'n symboleiddio'r meddwl a'r deall, tra bod y galon yn cynrychioli greddf ac emosiwn. 'Dan ni'n dweud weithiau y dylai rhywun **'ddilyn ei galon'**, dilyn ei reddf, ac weithiau mae greddf yn drech na rheswm, fel yn yr enghraifft yma:

*'O'n i'n gwybod **yn fy nghalon** y basa fo'n fy ngadal i.'*

Ond mae 'calon' yn gallu golygu angerdd ac ymroddiad hefyd:

*'Dwi'n gobeithio bydd y tîm yn chware hefo 'pym bach mwy o **galon** heddiw.'*

Dyna un o ystyron hyna'r gair. Fil a hanner o flynyddoedd yn ôl roedd y bardd Aneirin yn canmol y milwyr oedd yn *'wŷr o galon'*. Ond os ydan ni'n gofyn i rywun ddangos 'ychydig o galon' heddiw, pa fath o 'galon' ddylen nhw ddangos?

'Gofyn wyf am galon hapus,
calon onest, calon lân.
Calon lân yn llawn daioni...'

Mae emyn Gwyrosydd o Dreboeth, Abertawe, wedi dod yn un o emynau mwyaf poblogaidd ein hiaith, ac mae'n cael ei chanu mewn gemau rhyngwladol rygbi a phêl-droed erbyn hyn. Efallai nad 'calon lân' yw'r ffordd orau i ddisgrifio cyflwr neb ar ôl trip i ddilyn ein timau cenedlaethol, ond does dim drwg mewn gofyn am un!

Pa ddisgrifiadau eraill y gallwn ni eu cysylltu â'r galon tybed? **'Calon feddal'** ddywedwn ni weithiau am rywun sy'n rhy barod i faddau, tra bod rhywun sy'n gwrthod maddau'n **'galon galed.'** Mae croeso yn gallu bod yn **'dwymgalon'**, ond doedd 'twym' ddim yn ddigon i'r grŵp Plethyn pan ganon nhw am helynt yr Ysgol Fomio:

*'Tân yn ein **calon** a thân yn ein gwaith,*
Tân yn ein crefydd a thân dros ein hiaith.'

'Tân yn ein calon' – mae calon yn yr ystyr honno'n golygu hwyliau, ysbrydoliaeth. Os ydi rhywun yn **'ddigalon'**, mae'n ddi-hwyliau. Ar adegau felly mae o angen newydd da o ryw fath, rhywbeth **'calonogol'**, rhywbeth wnaiff roi **'calondid'** iddo, rhywbeth fydd yn **'falm i'r galon.'** Ond os na fydd dim yn tycio, efallai y bydd yn **'agor ei galon'** er mwyn trafod ei deimladau, neu waeth byth yn **'torri'i galon'**, a thebyg byddwch chithau a'ch **'calon yn gwaedu'** drosto wedyn, dan y fath amgylchiadau.

Petawn i'n gofyn *'Lle mae eich calon?'*, mae'n debyg y basach chi'n ateb *'yn fy mrest, siwr iawn!'* – ond nid fanno mae hi bob tro – dim yn y Gymraeg beth bynnag. Os 'dan ni'n ofnus:

'Mae 'y **nghalon** i'n fy ngwddw.'

Ac os ydan ni'n isel ac yn ofni'r gwaetha':

*'Ma '**nghalon** i'n 'yn sgidia.'*

Mae'r 'galon' fel petai'n crwydro i gydfynd â'n hwyliau ni. Mae newydd drwg yn gwneud i'r galon suddo, ond mae newydd da yn gallu **'codi calon'**, a pha newydd gwell na bod rhywun mewn cariad hefo chi ac yn fodlon canu am y peth?

'*Calon, tyrd i garu, calon tyrd i rannu...*'

Yn ôl yr hen gred, roedd y galon yn rheoli'r emosiynau, a phrin fod emosiwn pwysicach na chariad; a dyna pam fod y galon wedi dod yn symbol amdano. Ac mewn rhannau o'r de, fel mae'r gân yn awgrymu, mae 'calon' wedi datblygu fel gair anwes, yn yr un modd ag y mae pobl mewn rhannau eraill o Gymru yn galw 'cariad' ar ei gilydd:

'*Dere 'ma, calon!*'

Dan ni hefyd yn defnyddio 'calon' fel term mwy cyffredinol am du mewn, neu ganol, rhywbeth; 'dan ni'n sôn am **'galon afal'** neu **'galon coeden'**, heb anghofio am **'galon y gwir!'**

Ond gan amla mae'r gair 'calon' yn cyfeirio at emosiynau a theimladau greddfol, a tydi hi ddim yn syndod bod y gair 'calon' wedi dod yn enw poblogaidd ar sawl corff neu frand Cymreig – mae'n enw ar gymdeithas tai, siop edau, cwmni ynni, gorsaf radio, a chwmni animeiddio, ac mae 'na stad o dai o'r enw **'Cwm Calon'** ar safle hen waith glo Penallta, yng Nghwm Rhymni.

Wel, dyna ddigon am y tro – dwi'n siwr ein bod ni wedi llwyddo i fynd **'i galon y mater'** erbyn hyn. Basa'n iaith ni'n dipyn tlotach heb y gair 'calon', ac o droi'r sylw hwnnw ar ei ben, cawn orffen drwy ddychwelyd at y ddihareb adnabyddus honno:

'*Cenedl heb iaith, cenedl heb **galon**.*'

41. EGWYDDOR

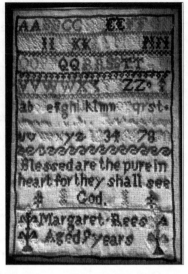

Llun: Sampler a wnïwyd gan fy hen famgu Margaret Rees, o Lan-y-fferi yn sir Gaerfyrddin. Gwnïo llythrennau'r wyddor oedd y gorchwyl cyntaf fel arfer, mewn sampler o'r fath.

Dychmygwch lond dosbarth o blant bach yn adrodd 'a' 'b' 'c', ac yn y blaen, er mwyn dysgu llythrennau'r wyddor. Ond sut mae hynny'n cysylltu hefo'r gair dan sylw, 'egwyddor'?

Wel, petai'r plant 'na wrth eu gwersi ryw fil o flynyddoedd yn ôl, nid adrodd eu 'habiéc' y buasen nhw, ond adrodd eu *abecedarium*, sef y gair Lladin am abiéc. Ac o'r gair ***abecedarium*** mae'r geiriau Cymraeg **'*egwyddor*'** a '***gwyddor***' wedi dod.

Ond sut?

Weithiau wrth siarad, 'dan ni'n meddalu seiniau er mwyn eu gwneud nhw'n haws i'w hynganu. Pan fo Americanwyr yn sôn am 'chydig bach o fenyn', dydyn nhw ddim yn dweud '*a little bit of butter*'; mae'n haws ganddyn nhw ddweud '*a liddle bid of budder*', hefo pob 't' yn meddalu'n 'd'. Roedd y Cymry'n gwneud rhywbeth tebyg ers talwm, wrth fenthyg geiriau Lladin i'n hiaith ninnau. Trodd y gair Lladin *putris* yn '**pwdr**' yn y Gymraeg, *gradus* yn '**gradd**' a *praeceptum* yn '**pregeth**', gyda'r cytseiniaid ynghanol y geiriau yn meddalu bob tro.

Yn yr un modd, trodd *abecedarium* yn 'afegeddariwm',

wedyn yn 'afegwyddawr', 'agwyddawr' ac yna yn '**egwyddor**'. Ystyr gwreiddiol 'egwyddor' oedd 'abiéc'; yn yr unfed ganrif ar bymtheg '**egwyddor awgrym llaw**' oedd y term am 'iaith arwyddo' neu *sign language*. Yn 1655 'sgwennodd Richard Jones, Dinbych:

'*detholais ugain llythyren, yn ôl trefn yr **Egwyddor**.*'

Yn ôl trefn y **wyddor** y buasen ni'n ei ddweud heddiw, a dychwelwn at hynny yn y man. Ond sut ddatblygodd y gair 'egwyddor' ei ystyr bresennol o reol, neu argyhoeddiad sy'n rheoli bywyd, sy'n sail i gangen o wybodaeth?

Dysgu llythrennau oedd pwrpas gwreiddiol adrodd yr *abecedarium* gynt, ond yn yr oes a fu, nid yr abiéc oedd yr unig beth oedd yn cael ei gyflwyno drwy ofyn i ddisgyblion ei ailadrodd. Roedd '**egwyddori**' yn cael ei ddefnyddio erstalwm fel gair cyffredinol am ddysgu neu hyfforddi rhywun, fel yr ysgrifennodd James Owen, Abernant yn yr ail ganrif ar bymtheg:

'*Egwyddorodd ef yn y grefydd Gristnogol*'

Yr *abecedarium* neu'r 'egwyddor' oedd y peth sylfaenol oedd rhaid ei ddysgu cyn darllen ac ysgrifennu, ond yn raddol aeth i feddwl y 'pethau sylfaenol' neu 'hanfodion' mewn unrhyw bwnc. Crefydd oedd sylfaen addysg erstalwm, ac **egwyddorion crefyddol** oedd y rhai pwysicaf i'w trosglwyddo er mwyn i rywun fyw bywyd gwell. Hyd heddiw, 'dan ni'n tueddu i edmygu rhywun '**egwyddorol**', sef rhywun sy'n cadw at ei egwyddorion, er nad yw'r rheiny o reidrwydd yn rhai crefyddol bellach.

Yn fuan yn hanes y gair 'egwyddor' datblygodd ffurf arall drwy golli'r 'e' ddi-acen ar ddechrau'r gair, a chafwyd y gair newydd '**gwyddor**'. Roedd hwnnw hefyd yn gallu golygu 'abiec', ac mae'r ystyr yna wedi parhau hyd heddiw pan soniwn ni am y **wyddor Gymraeg**, neu wneud pethau yn **nhrefn y wyddor**.

Roedd 'gwyddor' hefyd yn cael ei ddefnyddio fel 'egwyddor' i ddisgrifio'r elfennau hanfodol mewn rhyw gangen o wybodaeth. Ac oherwydd hynny, ac oherwydd fod pobl yn cysylltu'r elfen 'gwydd-' yn 'gwyddor' hefo'r 'gwydd' sydd mewn geiriau fel '**gwyddost ti**' a '**gwyddoniaeth**' (er nad oedd yna unrhyw gysylltiad go iawn!) mae wedi datblygu ystyr arall ehangach.

Pan soniwn am y celfyddydau a'r **gwyddorau** (*arts and sciences*, chwedl y Sais), mae'r gwyddorau'n fanno wedi dod i olygu unrhyw bwnc neu ddisgyblaeth wyddonol. A'r un yw'r ystyr pan soniwn am bynciau academaidd fel '**gwyddor cartref**', '**gwyddorau cymdeithaso**l' neu'r '**gwyddorau naturiol**'. Mae 'egwyddor' a 'gwyddor' fel ei gilydd, wedi teithio ymhell iawn o'r hen abiéc gynt.

Cyn cloi, awn ni nôl i'r man lle ddechreuon ni hefo'r **abiéc**. Efallai ei fod yn swnio fel gair diweddar, gair plentynaidd, ond mae wedi bodoli ers dechrau'r ail ganrif ar bymtheg o leiaf, pan ymddangosodd yng Ngeiriadur Syr Thomas Williams.

Roedd 'na gymeriad ar y gyfres deledu *Talcen Caled* erstalwm o'r enw Meic Parry, fyddai'n dweud '**abc**' weithiau. Ystyr hynny oedd 'ar bob cyfri'. Trio bod yn cŵl oedd y creadur, ond yn oes y '**lol**' a'r '**OMB**' (tud. 109), efallai fod 'na le i 'abc' hefyd? Dwi'n ei licio fo fy hun, ac efallai y dechreua'i ei ddefnyddio fo hefyd!

Yn Saesneg, maen nhw'n dweud weithiau fod rhywbeth '*as simple as ABC*'. Does ganddon ni ddim ymadrodd cyfatebol yn y Gymraeg, ac ar ôl olrhain hanes cymhleth y wyddor, abiéc, gwyddorau ac egwyddorion, mae'n hawdd gweld pam! Ond, cymhleth neu beidio, mi ddylem ni barhau ar ein taith drwy hanes dyrys yr iaith, a cheisio ein gorau i ddeall gwyddor ac egwyddorion y Gymraeg, ar bob cyfrif.

Neu ... 'abc'!

42. Nhw

Llun: Clawr record 'Siwsi' gan grŵp poblogaidd Y Nhw ar ddechrau'r 1970au. Ond beth yw'r cysylltiad rhwng eu record nhw ac 'I Wanna Hold Your Hand' gan y Beatles?

Enw'r llyfr yma ydy *Hanes yr Iaith Mewn Hanner Can Gair*, ond pam 'dan ni'n dweud '**hanner can**' yn hytrach na '**hanner cant**'? A be sy'n digwydd i'r 't' pan fo '**cant**' yn troi'n '**gannoedd**'? A pham fod pawb yn dweud '**nhw**' bellach, os mai ffurf wreiddiol y gair oedd '**wy**'?

Dechrau drysu'n barod? Peidiwch â phoeni, mae 'na gysylltiad i'r cyfan.

Croeso i fyd rhyfedd y treiglad trwynol!

Pan aeth y Beatles i frig y siartiau Prydeinig yn 1964, nid '*I want to hold your hand*' ond '*I **wanna** hold your hand*' oedd y gân. Treiglad trwynol o fath yw hwnnw – ac yn y Saesneg cofiwch – achos yn syml, mae'n haws dweud '-n' nac '-nt'. Yn yr un modd yn y Gymraeg, mae'n haws dweud '**cannoedd**' na '**cantoedd**' a '**peiriannau**' yn hytrach na '**peiriantau**'. Mae'r treiglad trwynol yn digwydd fel arfer, pan ddilynnir y llythyren 'n' gan p, t, c, b, d neu g.

Felly, a rhoi ambell enghraifft arall, mae'n haws dweud '**angharedig**' nac '**ancaredig**'. Mae'n haws dweud '**amherffaith**' yn hytrach na '**anperffaith**', ac yn y blaen. Pwrpas gwreiddiol pob treiglad oedd gwneud pethau'n haws i'w dweud – dim ond wedyn maen nhw wedi dod yn gysylltiedig â rheolau gramadegol.

Ond os cyfuniad o'r llythyren 'n' hefo p/t/c/b/d/g sy'n achosi treiglad trwynol, pam fod y Tebot Piws wedi canu '*Mae rhywun wedi dwyn fy nhrwyn*'? Does dim 'n' yn 'fy', felly be sy'n achosi'r treiglad? Wel, y gwir amdani yw mai '**fyn**', nid '**fy**' oedd y gair yn wreiddiol, a dyna sy'n achosi'r treiglad. Ac ar lafar, 'dan ni'n dal i glywed yr '-n' 'na, mewn ymadroddion fel:

"*Dwi'n byw ar ben* **yn** *hun*,"

yn hytrach na "*Dwi'n byw ar ben fy hun*," neu

"*Pam ti'm yn cofio'***n** *enw i*?"

yn hytrach na "Pam ti'm yn cofio *fy* enw i?"

Rhag i mi gael fy nghyhuddo o anghofio'r gair sy gynnon ni dan sylw, mi ddown ni at hwnnw rwan!

Roedd 'na grŵp poblogaidd ddiwedd y chwedegau o'r enw 'Y Nhw', ond petaen nhw wedi canu rhai canrifoedd ynghynt, mi fasan nhw wedi gorfod cael eu galw yn 'Yr Hwy' neu 'Yr Wy'. Yn y Gododdin, y gerdd enwog o'r seithfed ganrif, 'wy' yw'r ffurf a geir am 'nhw':

'**wy** *gwnaethant*,'

sef 'hwy a wnaethant', neu erbyn heddiw, 'gwnaethon nhw;'

'*wy laddasant*'

sef 'hwy a laddasant,' neu erbyn heddiw 'lladdon nhw' ond sut mae 'wy' wedi troi yn 'hwy' ac wedyn yn 'nhw'?

Wel – oherwydd y treiglad trwynol!

Gadewch i mi esbonio. Petaen ni isio dweud *they see* yn y Gymraeg erstalwm, '**gwelant-wy**' fase hynny. Ond fel 'dan ni wedi deall yn barod, tydi '-nt' ddim yn hawdd i'w ddweud, felly treiglodd '-nt-' yn '-nh-', ac felly aeth '**gwelant-wy**' yn '**gwelan nhwy**' ac wedyn yn '**gwelan nhw.**'

Mae'n rhaid fod hyn wedi digwydd yn reit fuan yn hanes yr iaith, achos mae na enghraifftiau o ferfau yn y trydydd person lluosog yn cael eu sgwennu heb y 't' ola' mor bell yn ôl â'r nawfed ganrif.

Dyma enghraifft ychydig yn ddiweddarach o Fabinogi Branwen. Mae'r Gwyddelod yn defnyddio'r Pair Dadeni er mwyn troi'u milwyr meirw nôl yn fyw:

'*Ac yna bwriwyd y celanedd yn y pair, oni fai yn llawn, ac* **y cyfodyn** *trannoeth y bore, yn wŷr ymladd cystal â chynt.*'

Taflwyd y cyrff meirw i mewn i'r pair nes oedd o'n llawn, ac yna 'cyfodyn' y bore wedyn. 'Cyfodasant' fasa'r ffurf safonol erbyn heddiw, ond sylwer fod y 't' wedi diflannu, mewn testun sy'n dyddio nôl bron mil o flynyddoedd!

Ond mae athrawon Cymraeg yn gallu bod yn griw reit geidwadol. Bum can mlynedd ar ôl y Mabinogi, pan gyfieithodd William Morgan y Beibl, '**gwelant**' a '**chyfodant**' oedd y ffurfiau a ddefnyddiwyd ganddo, a doedd 'na ddim '**nhw**' ar gyfyl ei gyfieithiad:

'*Gwyn eu byd y rhai pur o galon, canys* **hwy** *a welant Dduw.*'

Neu, mewn cyfieithiad mwy diweddar o 2015:

'*Mae'r rhai sydd â chalon bur wedi eu bendithio'n fawr, oherwydd byddan* **nhw**'*n cael gweld Duw.*'

Ond roedd pob cyfieithiad swyddogol tan hwnna yn 2015 wedi dilyn yr Esgob Morgan gan ddal i ddefnyddio 'hwy' yn lle 'nhw', er nad oes neb yn dweud 'hwy' ar lafar ers canrifoedd. Mae'r enghraifft ysgrifenedig gyntaf o'r gair 'nhw' yn dod o oes William Morgan ei hun. Yn 1599, roedd Robert Holland, Cymro o dre Conwy wedi cyfieithu astudiaeth o Weddi'r Arglwydd:

'... *ymadroddion ein Achubwr Crist ... fel y dywedodd Crist* **nhw**...'

'Nhw', sylwer, nid 'hwy'. Ond beth am i ni droi'n sylw oddi wrth y Beibl rwan at yr iaith lafar a'r traddodiad gwerin? Sylwch ar y llinell yma o '*Cwch Dafydd R'abar*':

Mae'n llawn o benwaig cochion **meddan nhw**

Ar ei ffurf fwya' syml, mae 'meddan nhw' yn golygu 'dywedon nhw'. 'Mynte nhw' yw'r ffurf gyfatebol yn y De. Ond weithiau 'dan ni'n defnyddio'r ymadroddion hyn i fynegi rhyw dinc o amheuaeth:

'*Mae'n gaddo glaw heno,* **meddan nhw**'

'*Y storom fwya ers blynydde',* **mynte nhw***.'*

Weithiau 'dan ni'n amau y 'nhw' sy'n dweud y tywydd, y 'nhw' sy'n holl-wybodus, yn wir unrhyw 'nhw' sydd mewn awdurdod neu ddim yn rhan o'n giang ni. 'Dan ni'n meddwl weithiau yn nhermau '**ni a nhw**'.

Mi fasa'n drueni petaen ni'n mynd yn 'ni a nhw' o ran treiglo, achos mae 'na dystiolaeth sy'n awgrymu fod y treiglad trwynol yn dechrau cilio ar lafar. Weithiau mae treiglad meddal yn cymeryd ei le:

'*Wi'n byw'n G'fyrddin*'

'*Mae o'n mynd allan hefo'n ferch i.*'

Tro arall mae'n cael ei hepgor yn gyfan gwbl:

'*Dwi'n byw'n Bethal*'

'*Dwi 'di colli bag fi!*'

Tybed a ddylem ni newid yr iaith ysgrifenedig i adlewyrchu hynny? Wel, efallai yn wir – wedi'r cyfan fedar 'run iaith aros yn ei hunfan; mae'n esblygu dros amser. Ond os ydan ni wedi glynu at ffurfiau fel 'gwelant hwy' reit i fyny at heddiw, er bod pobl yn dweud 'gwelan nhw' ar lafar ers canrifoedd, un peth sy'n sicr – wnaiff dim byd newid yn fuan!

43. Sbragio

*Llun: Sbragia! meddai'r botel –
ac os mai yfed gwin yn slei
bach wyt ti, gwylia rhag i
rywun dy sbragio di!*

Mae **sbragio** yn air digon
cyffredin yn nhafodiaith
gogledd orllewin Cymru, ond
mae ei wreiddiau yn ei
gysylltu â sawl rhan arall o
Gymru hefyd. Prif ystyr y gair
bellach yw 'achwyn', neu
snitching, chwedl y Sais; ond a
wyddoch chi am darddiad diwydiannol yr ymadrodd?

Daw sbragio o'r gair Saesneg *sprag* – darn o bren byr allai
gael ei ddefnyddio wrth gynnal y to mewn pwll glo – ond yn ôl
DJ Williams, byddai tamaid o bren fel'na hefyd yn cael ei
ddefnyddio gan yr halier, oedd yn trin y ceffylau a dynnai'r
tramiau dan ddaear:

'*Nid oedd le i 'whip' goesir dan y ddaear. **Sbrag** fyddai gan yr halier
diffaith, didalent.*'

Ond yn ogystal â disgyblu ceffylau, defnyddid 'sbrag' dan ddaear
i frêcio tramiau drwy osod y sbrag drwy sbôcs eu holwynion, a
gwnaed yr un fath hefo wagenni chwarel. Dyna sut y datblygodd
'sbragio' fel gair i ddisgrifio rhywun sy'n 'snitchio' ar rywun
arall. Wrth roi sbrag mewn olwyn wagan, byddwch yn ei nadu
rhag rhedeg i ffwrdd, ac yn yr un modd drwy 'sbragio' rhywun,

'dach chi'n nadu iddyn nhwthau redeg i ffwrdd hefo rhyw stori neu'i gilydd. Mae **sbragio** yn nadu'r stori rhag rhedeg.

Mae nifer o eiriau eraill o fyd y chwarel wedi mynd i mewn i'n hiaith bob dydd ni – yn y Gogledd, o leiaf. '**Colli limpin**' byddwn ni'n ei ddweud am rywun sydd wedi gwylltio'n ofnadwy a cholli ei dymer. Pin haearn oedd **limpin** (neu *lynchpin* yn y Saesneg gwreiddiol) oedd yn cael ei roi drwy dwll ym mhen echel wagan i gadw'r olwyn yn sownd arni. O golli'r limpin, byddai'r olwyn yn dod i ffwrdd, y wagan yn troi drosodd, a'r llwyth yn chwalu i bob man, sy'n ddelwedd reit addas o rywun yn colli rheolaeth wrth wylltio.

'**Cadwa dy bowdr yn sych rwan**' ddyweddwn ni wrth rywun rhag iddyn nhw ddweud ei stori, cyn bod pawb yn barod amdani. Roedd powdr du yn cael ei ddefnyddio yn y chwarel i saethu'r graig o'r mynydd, a gan fod y chwarelwyr yn gweithio allan ymhob tywydd, roedd y powdr yn dda i ddim os oedd wedi tampio.

Os bydd gan rywun dasg galed o'i flaen, dywedwn y bydd yn '**fargan anodd**' iddo. Yn yr hen amser roedd gwaith yn y chwarel yn cael ei gosod fesul 'bargen', sef darn o'r graig, tua saith neu wyth llathen ar draws. Byddai criw o ddynion yn cytuno pris hefo 'stiward' neu swyddog y chwarel am ei weithio am fis ar y tro, ond wrth gwrs roedd ambell fargen yn haws i'w gweithio na'i gilydd. Os oedd ganddoch chi 'fargen anodd', byddai'n anodd gwneud pres call erbyn diwedd y mis.

'Talcen caled' byddai'r ymadrodd cyfatebol ym meysydd glo y De – roedd 'talcen' yn enw arall ar y ffâs lle enillid y glo, a byddai talcen caled yn un anoddach i'w weithio. (gw. talcen, tud. 140)

Erbyn heddiw, mae '**ar dasg**' yn disgrifio rhywun sydd ar

frys, sy'n gweithio heb orffwys, ond dyma ymadrodd arall o'r gwaith glo. Os oedd glöwr 'ar dasg', roedd yn cael ei dalu yn ôl faint o lo oedd yn ei dorri. Ar ddiwedd ei shifft dan ddaear, byddai glöwr yn '**rhoi ei dŵls ar y bar**', hynny yw, eu cloi nhw'n saff hefo bar o haearn yn barod at y shifft nesaf. Daeth hynny'n air cyffredin am orffen shifft, ond erbyn hyn mae wedi dod yn derm cyffredinol am ymddeol.

Pan oedd y diwydiant glo ar ei anterth, doedd dim dianc rhagddo yng nghymoedd y De:

'*Ti'n dishgwl fel taet ti wedi bod yn wmwlch yn y glo mân a sychu yn y cnape.*'

Dyna ddywediad o ardal lofaol Nantgarw wrth ddwrdio plentyn oedd wedi baeddu drosto wrth chwarae allan. Ond dyna ddigon o ymadroddion i roi syniad o sut mae byd y chwarel a byd y gwaith glo wedi treiddio i mewn i'n hiaith bob dydd. Fe wnanwn ni ei gadael hi'n fanno – wedi'r cyfan, 'dan ni'm isio malu glo mân yn fanach, nag ydan?

44. MEDDWI

Llun: Yr amgueddfa gwrw yn Brugge, Gwlad Belg. Tri glasiad ges i. Wir yr.

Cwrw a gwin fydd y rhan fwyaf yn yfed ar noson allan y dyddiau hyn, ond wrth **'feddwi'**, cawn ein hatgoffa o hoff ddiod y Cymry ers talwm, neu fel y canodd Dafydd Iwan:

*'melyn **fedd**, melys **fedd**.'*

Ydyn, mae'r geiriau **'meddwi'**, **'meddw'** a **'meddwyn'** i gyd yn gysylltiedig a 'medd', un o ddiodydd alcoholaidd hynaf y byd, wedi ei wneud o ddŵr, mêl a burum, diod boblogaidd iawn yng ngogledd Ewrop, lle roedd yn anoddach tyfu grawnwin ar gyfer gwneud gwin.

Ceir llawer o gyfeiriadau at fedd yn y farddoniaeth Gymraeg gynharaf, sef y *Gododdin*:

*'**Medd** yfynt melyn melys maglawr.'*

Hynny yw, 'yfant **fedd** melyn a melys' sydd yn 'maglu', neu'n caethiwo, dyn. Ceir sawl sôn am y medd gafodd milwyr y Gododdin cyn marw yn yr ymosodiad aflwyddiannus ar Gatraeth, neu Catterick, yn Swydd Efrog. Roedd y medd yn rhan o nawdd eu harglwydd iddynt cyn y frwydr fawr, a phan fo'r gerdd yn sôn am y milwyr yn **'talu eu medd'**, golyga eu bod wedi bod yn ffyddlon i'w harglwydd hyd angau.

Nid meddwi ar y ddiod gadarn oedd Dafydd ap Gwilym, ond ar gariad:

'Os **meddw** oeddwn, gwn a gad,
Medd a'i gŵyr, **meddw** *o gariad.*'

Mewn adolygiad o gyfrol gyntaf y bardd Twm Morys, dywedwyd ei fod o'n *'yfed geiriau'* ac amhosib wir oedd dweud wedyn ai *'chwil ynteu sobr'* oedd ei ganu o. Wn i ddim ai teg oedd y feirniadaeth ai peidio, ond yn sicr mae'r Cymry'n gyffredinol wedi meddwi ar eiriau wrth ddisgrifio'r stâd o fod dan ddylanwad. Mae 'na ymadroddion di-ri megis '**dwi'n chwil**, '**dwi 'di cael llwyth**', '**dwi 'di cael llond cratsh**', neu hyd yn oed, '**dwi'n sobr o feddw**'.

Efallai nad yw bod yn 'sobr o feddw' yn gwneud llawer o synnwyr, ond eto, dyw pobl ddim yn tueddu i wneud llawer o synnwyr wrth feddwi fel arfer! Beth felly am rai o'r cymhariaethau mwy anghyffredin sydd yn disgrifio meddwi?

Mae sawl rhan o Gymru ble bydd pobl yn sôn am '**feddwi'n rhacs**', ond dim ond yn y De-Orllewin y clywch chi:

'Bachan bachan, wi'n **rhacs jibidêrs**'.

Mae 'rhacs' yn dod o'r Saesneg 'rags', sef brethyn wedi'u rhwygo'n ddarnau, ac ystyr digon tebyg sydd i 'jibidêrs' hefyd. Benthyciad o'r Saesneg *gibbet tears* ydyw, gyda *gibbet* yn golygu darn bach o rywbeth, a hwnnw wedi cael *tears*, sef ei rwygo.

Cymhariaeth arall o'r De-Orllewin yw '**ron i'n feddw gorlac**'. Teclyn pren ar ffurf y llythyren 'T' yw 'corlac', sydd yn cael ei ddefnyddio fel arfer i wthio tail neu laid. Roedd y melinydd yn defnyddio corlac hefyd, i wthio haidd ar lawr y felin – weithiau byddai tawch yr haidd yn codi, ac yn gwneud iddo deimlo'n benysgafn – o hyn daw tarddiad y dywediad '**yn feddw gorlac**'.

Haidd yw un o brif gynhwysion cwrw wrth gwrs ac weithiau cyfeirir at gwrw fel 'Siôn Heidden' neu 'John Barley'. Mae sawl enw arall ar gwrw hefyd, fel '**peth yfed**', '**llaeth mwnci**' a'r '**dablen**.' Ystyr gwreiddiol '**tablen**' oedd *table beer*, cwrw ysgafn i yfed gyda phryd o fwyd, ond os yw rhywun yn mynd '**mâs ar y dablen**', digon tebyg y byddent erbyn diwedd y noson wedi '**meddwi'n dablen wîls**', neu fel y dywedir yn ardal Caernarfon (ac yng nghân Y Bandana), yn '**geiban**'.

Mae '**geiban**' yn amrywiad ar yr ymadrodd '**meddwi'n gaib**'. Mae'n debyg fod sawl glöwr neu chwarelwr yn ei dro wedi troi i'r dafarn i dorri syched ar ôl diwrnod da o waith yn y pwll neu'r chwarel. Tydi hi ddim hawdd i roi caib i sefyll yn syth am fod pen y gaib yn grwm, ac os na phwyswch chi'r goes yn erbyn wal, bydd y goes yn siglo nôl a 'mlaen fel dyn meddw.

Er hyn, nid gweithwyr diwydiannol yw'r unig rai i yfed yn anghymedrol – mae yna rybudd i ffermwyr am feddwi yn y Beibl:

'*Dechreuodd Noa fod yn amaethwr. Plannod winllan, ac yna yfodd o'r gwin nes meddwi, a gorwedd yn noeth yn ei babell.*' (Genesis 9:21).

Wedi cymaint o sôn am **feddwi**, teg yw cloi gyda'r geiriau doeth hyn o Ynys Môn:

'*Yf ynfyd fwy na'i lonaid, ni yf ych ond sydd raid.*'

Fe wnaiff dyn gwyllt yfed mwy nag y mae'n medru ei ddal, ond dim ond yfed i ddigoni ei hun, a dim mwy, wnaiff creadur fel yr ych. Call iawn efallai, ond cofiwch fod yr ych yn greadur mawr all yfed tipyn cyn digoni ei hun, felly – iechyd da i chi gyd!

45. SESH

Llun: Torri pethau'n eu blas yw'r allwedd er mwyn peidio â'i gorwneud hi ar sesh. Ond mae'r gair sesh ei hun yn enghraifft o dorri gair 'yn ei flas', fel petai...

Beth ydi '**sesh**'?

Talfyriad ydi o, ffurf wedi'i byrhau o air hirach. Mae 'sesh' yn dod o'r gair '**sesiwn**', a sesiwn o yfed a olygir yn y cyswllt hwn yn benodol.

(Ac mae modd creu geiriau newydd o'r ffurf dalfyredig yma. '**Seshio**' ydi mynd am sesh, ac mae rhywun sy'n hoff o beint neu bump yn dipyn o '**seshiwr**'.)

Mae nifer o eiriau cyffredin wedi cael eu talfyrru neu'u byrhau yn yr un modd. Efallai y bydd rhai ohonoch wrthi'n plicio '**tatws**' ar gyfer swper heno, ond '**pytatws**' oedd y gair a fenthycwyd i'r Gymraeg ar ôl i'r llysiau newydd 'ma gael eu cario nôl o America yn yr unfed ganrif ar bymtheg, ac mi barhaodd y gair yma am o leiaf tri chan mlynedd. Am gyfnod datblygodd amrywiad arall, sef '**bwytatws**', am fod y llysiau'n dda i'w bwyta. Serch hyn, o gyfnod cynnar roedd y fersiynau talfyredig '**tatws**' a '**tato**' ar gael, a lluniwyd ffurfiau unigol newydd, sef '**taten**', '**tatysen**' a '**tysan**.'

I'r capel awn ni ar gyfer y talfyriad nesaf, sef '**seiat**' – dyna enw'r Methodistiaid ar y cyfarfod crefyddol y bydden nhw'n ei gynnal gyda'r nos yn ystod yr wythnos, er mwyn trafod eu profiadau ysbrydol, ac er mwyn gweddïo, a chanu. Mae 'seiat' yn dalfyriad o'r enw gwreiddiol, sef y '**soseiati profiad**', ac mae'r gair 'seiat' erbyn hyn yn cael ei ddefnyddio tu hwnt i ddrysau'r capel weithiau – ar gyfer unrhyw gyfarfod lle mae profiadau yn cael eu trafod yn onest ac agored.

Gyda'r gair '**teliffôn**' mae'n anodd gwybod ai ni sydd wedi talfyrru'r gair yn '**ffôn**', ynteu menthyg y ffurf fyrrach gan y Saeson. Does dim amheuaeth fod y gair '**teliffôn**' wedi ei fenthyg i'r Gymraeg yn fuan ar ôl iddo gael ei ddyfeisio, ac roedd un ohonynt yn cael ei ddefnyddio gan olygydd *Papur y Werin* yng Nghaernarfon i dderbyn straeon. Mae'r sôn cyntaf amdano yn Rhagfyr 1888 mewn pwt o stori ddigon swreal sy'n sôn am sut y cafodd cyfarfod etholiadol ei styrbio ym Môn:

'Y *Teliffôn yn dyweud o Amlwch fod dau ful wedi dyfod i mewn nos Wener tra yr oedd Mr R.A. Griffith yn areithio a rhoddi dwy nâd ofnadwy o annaearol.*'

Erbyn heddiw, mae'r Saeson a ninnau wedi hen benderfynu fod *telephone* yn ormod o lond ceg, a bod '**ffôn**' a '**ffonio**' yn haws o lawer. Ond weithiau, wrth fenthyg gair sydd wedi ei dalfyrru'n barod, 'dan ni'n anghofio be oedd y gair hirach gwreiddiol. Mae sawl '**ap**' ar gael yn y Gymraeg bellach: ap newyddion, ap i wylio rhaglenni plant, ap Radio Cymru. Ond anghofiwn bellach mai *application* oedd y gair gwreiddiol – hynny yw, math o raglen gyfrifiadurol at ddiben penodol.

Byddwn ni'n sôn hefyd am fynd i lawr i'r '**pyb**' – a dwi wedi clywed un yn ei Gymreigio ymhellach a sôn am '**bybyn** bach braf' – ond *public house* oedd 'pyb' yn wreiddiol. Ac yn olaf, faint ohonon ni sy'n ymwybodol, wrth '**refio**'r car, fod '**ref**' yn dalfyriad o *'revolution'*, sef sawl *'revolution'* mae'r injan yn ei wneud wrth droi?

Wrth ddewis enwau Cymraeg ar gyfer plant, mae ffurfiau byrrach wedi dod yn fwy poblogaidd, ac yn wir mae'r talfyriadau a'r ffurfiau anwes yn dechrau magu'r un statws â'r enwau gwreiddiol. Faint sy'n cofio bellach fod **'Guto'** wedi dod yn wreiddiol o **'Gruffudd'**, fod **'Iolo'** wedi dod o **'Iorwerth'**, ac mai o **'Maredudd'** y daeth nid yn unig **'Mered'** ond hefyd **'Bedo'**?

Wedyn, pan fydd y plant hyn yn tyfu ac yn mynd ymlaen i'r ysgol uwchradd efallai y byddan nhw'n cyfeirio at eu gwersi **'Daear'** ac **'Addysg Gref'** yn hytrach na 'Daearyddiaeth' ac 'Addysg Grefyddol'. Bydd y disgyblion hŷn yn holi ei gilydd efallai – "be dach chi'n neud nos **Sad**?" Os byddan nhw'n digwydd dathlu pen blwydd neu lwyddiant mewn arholiad, efallai y bydd rhywun yn tecstio **'Llongyfs'** i ddymuno llongyfarchiadau iddyn nhw.

Mae talfyriadau hyd yn oed yn treiddio i ddaearyddiaeth ein gwlad ni – **'Gog'** ddywedwn ni weithiau am rywun sy'n Ogleddwr, ac yn **'Y Gogs'** nid y Gogledd maen nhw'n byw. Ar ei ffordd nôl adra ar ôl trip i'r De, efallai y bydd Gog yn pasio **'Mach'** a **'Traws'** – yn hytrach na Machynlleth a Trawsfynydd a rhoi iddynt eu henwau iawn. Tybed a fyddai'r Gog dychmygol hwn yn mynd heibio 'Bermo' hefyd ar ei daith? Dyma'r enw sydd ar yr arwyddion, ond tueddwn i anghofio bellach mai talfyriad am Abermawddach yw hwn.

Ond mewn darn sy'n sôn am dalfyrru geiriau, sa fiw i mi rygnu ymlaen yn rhy hir – dwi'm isio cael fy hun yn y **'cach'** hefo'r golygydd!

Felly, mi wnawn ni dorri pethau yn eu blas yn fan'ma –fel maen nhw'n ddweud, **dim probs**.

46. YNDE

Llun: Dathlu penblwydd, ynde?

Yn y gyfrol hon ynde, yn
ogystal â thrafod y geiriau
mawr pwysig sydd yn ein
hiaith ni 'nde, 'dan ni'n trio
hefyd rhoi sylw i rai o'r geiriau
mwy di-nod ynde, sydd
gynnon ni yn y Gymraeg. Un
o'r geiriau hynny ydi **'ynde'**.

Tydi awduron ddim yn
sgwennu fel yna fel arfer, ond
dwi'n siwr bod ni i gyd yn
nabod rhywrai sy'n defnyddio geiriau llanw fel 'ynde' yn eu
hiaith bob dydd. Ac mae 'na nifer o eiriau tebyg, fel y gwelwn
ni o'r enghraifft nesa' 'ma:

*'Wel ... on i am fynd ... ymm ... tmod ... on i am fynd i'r dre 'lly, tmod
be sgin i?'*

Yma mae'r siaradwr wedi defnyddio sawl gair llanw i guddio'r
ffaith ei fod o'n trio meddwl be i ddweud nesa'. Os edrychwn
ni ar y frawddeg eto, yn y bôn, y cwbl mae'n ei ddweud yw:

'On i am fynd i'r dre,'

ond mae **'wel'**, **'mm'**, **'tmod'**, **'lly'** i gyd yn enghreifftiau o rai
o'r geiriau 'dan ni'n eu ddefnyddio'n ddiarwybod i lenwi'r
craciau mewn sgwrs. Bydd rhai yn collfarnu geiriau llanw o'r
fath – ac o'u defnyddio'n ormodol fe allan nhw fod yn syrffedus

– ond maen nhw'n deillio yn y pen draw o'n hawydd i gadw sgwrs i fynd, ac mae hynny'n beth digon clodwiw, am wn i.

Mae rhai o'r geiriau llanw 'ma yn perthyn i ardaloedd penodol. Yn nhre Caernarfon, mae '**ia**' yn cael ei ddefnyddio'n aml fel cynffon ar ddiwedd brawddeg neu gymal:

'*Dwi'n byw'n Dre **ia**, a dwi'n gweithio'n siop mam fi **ia**.*'

Fel hefo 'ynde', mae'r gair 'ia' yn ffordd o wneud i ddatganiad swnio mwy fel cwestiwn, er mwyn gwahodd y gwrandawr i ymateb a chadw'r sgwrs i fynd. Ym Mangor, defnyddir '**aye**' yn yr un modd:

'*O le ti'n dod?*'

'*Bangor **aye**.*'

Ac yn Llanrwst, defnyddir '**yn ai**' yn yr un modd, pan fo pobl y dre yn siarad Saesneg. Os trown ni ein golygon tua'r De, mae'r gair '**sbo**' yn tarddu, yn ôl *Geiriadur y Brifysgol*, o'r ymadrodd Saesneg '*I suppose*', ac yn sicr mae'n cael ei ddefnyddio i gyfleu ystyr ddigon tebyg yn y Gymraeg:

'*Odd e bownd o ddigwydd rywbryd, **sbo**.*'

Mae o hefyd yn cael ei ddefnyddio yn yr ystyr o 'am wn i':

'*Odyn nhw am werthu'r car 'te?*'

'*Odyn **sbo**.*'

Ac mae'r gair 'sbo' wedi bod o gwmpas ers o leiaf canrif. Dyma sut y dechreuodd dyn o Gaerffili ei lythyr at olygydd *Y Darian* nôl yn 1918:

'*'Mr. Golygydd.' Ma'n rhaid i finne weud fel na, **sbo**, er nad wy'n ych nabod chi, na chithe'n y nabod inne.*'

Gair arall sy'n perthyn i ardal benodol yw '**no**' sydd i'w glywed yng ngwaelod Ceredigion, Sir Gâr a Sir Benfro. Dyma gwpwl o enghreifftiau:

'*Bara menyn wên ni'n fyta amser te **no**.*'

'*Wel, 'na beth ôn ni'n feddwl **no**.*'

Mae'n cyfleu ystyr digon tebyg i 'beth bynnag' neu 'ta beth'. Mae 'no' yn dalfyrriad, mae'n debyg, o'r ymadrodd '**bid a fynno**'. Mae'n ffordd o leddfu datganiad rhag iddo swnio'n rhy bendant, neu'n ffordd o nodi saib yn y stori.

Mae'r gair '**glei**', ar y llaw arall, yn ychwanegu pwyslais at ddatganiad:

'*Wês w'ant peint arall a'nat ti?*'

'*Wês*'

'*Wês beth?*'

'*Wês **glei**!*'

Mae 'glei' yn dod o 'gwela'i', ac yn y De-Orllewin, mae '**wes glei**' yn golygu rhywbeth tebyg i 'oes, siwr iawn' neu 'oes, debyg iawn' gan bobl y Gogledd. Ac mae'r geiriau hyn yn aml yn ennyn cryn deyrngarwch ymhlith y rhai sy'n eu defnyddio nhw. Mae 'Wes Glei' yn enw ar gwmni teledu yn Llambed, ac yn yr un modd mae 'na gwmni siocled o'r enw 'Aballu' yn ardal Wrecsam. Roedd y perchennog yn licio'r ffaith fod pobl ei hardal hi yn dweud '**aballu**' ar ddiwedd brawddeg yn lle 'a phethau felly'.

Mae geiriau fel '**sti**', (sy'n dod o 'wyddost ti?') a '**tmo**', (sy'n dod o 'wyt ti'n gwybod?') ill dau yn ffyrdd o rannu gwybodaeth ti'n meddwl fod dy wrandawr yn ei wybod yn barod. Mae'n ddyfais i'w dynnu o'n ddyfnach mewn i'r sgwrs:

'*Wnaethon ni aros yn y gwesty 'na **sti**, yr un ar y stryd fawr, **tmod**?*'

Pan ddywedwn bethau fel 'ti'n gwybod be sgin i?' neu 'tmod be sy 'da fi?' mae'n ffordd o jecio fod y gwrandawr yn dilyn yr hyn ti'n ei ddweud:

'*Fi'n rili lico fe, **tmo be sda fi**?*'

Dechreuon ni hefo 'ynde', sy'n tarddu o 'onid e?' ac fe orffenwn ni hefo gair digon tebyg sef '**te**', sy'n tarddu o '**ynteu**'. Ynghanol brawddeg mae 'ynteu' (neu'i ffurfiau byrrach, 'te a 'ta) yn cael eu defnyddio fel fersiwn gryfach o'r gair 'neu':

'Be tisio? Te '***ta** coffi?'

'Don i'm yn gwybod '***ta** mynd'***ta** dod o'n i.'

Ond mae 'ynte' neu 'te' ar ddiwedd brawddeg neu gymal yn golygu 'felly':

'Rhaid i chi fynd'

'Pam '***ta**?'

'Dio'm otsh'

'Iawn '***ta**. Mi a i '***ta**.'

Mae'r geiriau llanw 'ma'n gallu cyflawni sawl swyddogaeth o fewn brawddeg – weithiau maen nhw'n masgio diffyg hyder, weithiau'n gwahodd ymateb, weithiau'n gadarnhaol, ac weithiau'n heriol, fel yn yr enghraifft diwethaf. Rhown ni'r gair ola' i Eirwyn Pontshan a wyddai i'r dim sut i ddefnyddio gair bach fel 'te' yn eironig er mwyn rhoi clo perffaith i stori:

'O'dd na foi o Gribyn o'dd am ymuno â'r Llynges Fasnachol. Ac fe a'th e o fla'n y swyddogion recriwtio. Y cwestiwn cynta' a ofynnon nhw iddo fe o'dd:

"Odych chi'n galler nofio?"

A dyma fe'n ateb:

"Pam? Sdim llonge 'da chi te?"

47. Rhyw

Llun: Dyma 'stafell newid sydd fel petai ddim yn siwr ar gyfer pa ryw y mae i fod! Mae newid rhyw wedi dod yn bosib yn ystod yr hanner can mlynedd a aeth heibio – ond mae'r gair rhyw ei hun wedi newid cryn dipyn hefyd.

Haf diwetha', mi es i mewn i dafarn a gofyn am beint o seidar. Doeddwn i ddim yn disgwyl i'r hogan tu ôl i'r bar ddweud hyn:

'*Dach chishio* **rhyw** *efo hwnna?*'

Roedd o'n gynnig hael. Ond erbyn deall, dysgwraig oedd hi, ac 'rhew' oedd hi'n ei feddwl. Ond dyna fo, mewn cymdeithas sy'n gynyddol obsesiynol ynglŷn â secs, mae honna'n enghraifft o bŵer y gair bach yna i dynnu'n sylw ni.

Nôl yn y saithdegau, mi wnaeth y diweddar Gwyn Thomas ddychanu hyn yn ei gerdd '*Rhyw yw*'. Disgrifiodd 'rhyw' mewn sawl cyswllt, ond yn fwya cofiadwy efallai fel:

'*Haleliwia heb ddim trwsus.*'

Ond datblygiad cymharol ddiweddar yw hyn, ac am y rhan fwyaf o'i hanes, gair bach digon diniwed oedd 'rhyw' a dim sôn o fath yn y byd am ei ddefnyddio i ddisgrifio cyfathrach rhywiol, neu garu'n y gwely. Un o ystyron gwreiddiol 'rhyw' oedd 'math', neu 'deip'. Yn y canoloesau roedd gan y beirdd eu llyfr rheolau, ac yn un o'r rheini, mae'n nodi mai *'tri **rhyw** gerddor sydd.'* Hynny yw, tri math o gerddor sydd.

'Dan ni'n dal i ddefnyddio 'rhyw' yn yr ystyr hon pan 'dan ni'n dweud fod rhywbeth 'o'r iawn **ryw**'. Ac os oedd rhywbeth o'r iawn ryw, hynny yw, o ansawdd da, wedyn gellid dweud ei fod o'n '**rhywiog**'. Byddai'r hen chwarelwyr yn gobeithio cael cerrig rhywiog, byddai ffarmwr yn brolio fod ganddo fo 'dir rhywiog' ac mewn casgliad o ddiarhebion o ganol yr unfed ganrif ar bymtheg, nododd William Salesbury y berl yma:

*'Ni cheir gwlân **rhywiog** ar glun gafr.'*

Gallai 'rhyw' gael ei ddefnyddio hefyd i olygu math o greadur – '**rhywogaeth**' fel 'sen ni'n ei ddweud rwan:

*'Mae cŵn a bleiddiaid yn ddwy **rywogaeth** wahanol.'*

Ond 'dan ni'n dal i ddweud '**dynol ryw**' yn hytrach na'r '**rhywogaeth ddynol**'. Ac os oedd 'rhyw' yn gallu disgrifio gwahanol fathau o greaduriaid, daeth yn air hefyd i ddisgrifio 'gwryw' a 'benyw'. Pan oedd Noa yn llenwi'r arch, cafodd ei gyfarwyddo i fynd â:

*'dau o **bob rhyw** i'r arch i'w cadw yn fyw gyda thi; gwryw a benyw fyddant'* (Gen 6:19)

Mae un o'r cofnodion cyntaf o'r gair '**rhywiol**' yn digwydd yn 1884. Roedd papur *Seren Cymru* yn dadlau o blaid caniatáu i ferched bregethu:

*'Nid yw maes athroniaeth ... yn fwy na Christionogaeth yn cydnabod gwahaniaethau **rhywiol**. Mae dynes, yn ogystal a dyn, yn feddiannol ar reswm, ewyllys, cydwybod, a serchiadau.'*

Un o'r gwahaniaethau 'rhywiol' mwyaf yn y cyfnod hwnnw oedd y ffaith nad oedd merched yn cael pleidleisio, ond wrth i'r dadlau ynglŷn â hynny gynyddu, prin ar y cyfan yw'r cyfeiriadau at anghyfartaledd rhywiol yn y wasg Gymreig. Mae'r gair 'rhywiol' yn ymddangos weithiau adeg y Rhyfel Mawr wrth sôn am y broblem o glefydau rhywiol oedd yn cadw milwyr allan o'r ffosydd. Os ydach chi isio enghraifft o anghyfartaledd rhywiol, beth am hwn o bapur *Y Dinesydd* yn 1918:

'... *y mae i ferch achosi i filwr neu forwr yn y Llynges gael **afiechyd rhywiol** yn drosedd i'w gosbi.*'

Dim ond y merched oedd ar fai felly? Hmm!

Anodd credu fod y gair 'rhyw' wedi cyrraedd yr Eisteddfod Genedlaethol, gwta chwe blynedd yn ddiweddarach. Yn ei bryddest nwydus am gariad, a enillodd goron iddo yn Eisteddfod Pontypŵl, mi wnaeth y bardd Prosser Rhys gynnwys y cwpled hwn:

'*A'n cael ein hunain yn cofleidio'n dynn;*
*A **Rhyw** yn ein gorthrymu – a'i fwynhau.*'

A dyna fo'r gair wedi cyrraedd, yn y ffurf sydd bellach mor gyfarwydd i ni heddiw:

'*Mae pobol ifainc yn **cal rhyw** yn iau rŵan nag y bydden nhw.*'

'*Ma lot o **ryw** ar y teledu dyddie 'ma.*'

Ond mae 'na ystyron eraill i'r gair 'rhyw' sy'n parhau yn yr iaith gyfoes o hyd. Mae 'rhyw' hefyd yn ffordd o gyfleu fod rhywbeth yn amhenodol neu'n anhysbys:

'*Pwy odd wrth y drws rwan?*'

'*Dwi'm yn gwbod.* **Rhyw** *foi. Gwerthu* **rhwbath** *oedd o. Roedd gynno fo* **ryw** *lyfr oedd o isio i mi ddarllen.*'

Mae hefyd yn gallu bod yn ffordd dda i ni osgoi bod yn rhy fanwl wrth ddisgrifio rhywbeth:

'*Pa fath o gi oedd o 'lly?*'
'**Rhyw** *... gorgi dwi'n meddwl...*'
'*A pa liw oedd o?*'
'*Dwnim ...* **rhyw** *frown gola' ella'?*'
A tua faint oedd ei oed o?'
'**Rhyw** *ddwyflwydd 'swn i'n ddeud.*'

A 'dan ni'n gallu defnyddio'r gair 'rhyw' hefo berfenw yn yr un modd hefyd, i gyfleu rhyw amhendantrwydd ynglŷn â'r weithred sy'n cael ei ddisgrifio. Os ydi rhywun yn dweud

'*dwi'n* **rhyw** *feddwl mynd i'r dafarn,*'

mae'n awgrymu fod 'na bosibiliad y gellid ei berswadio i beidio mynd.

Ac yn yr un modd, er nad ydw i isio gorffen y llith hon mewn ffordd '**rywsut rywsu**t', dwi yn rhyw dynnu at y terfyn yn fanna. Na, mae'n fwy pendant na hynny – does 'na ddim troi arna i – dwi <u>yn</u> tynnu at y terfyn. Felly hwyl fawr i chi gyd ... am **ryw hyd** ynde!

48. CADEIRYDDES

Llun: 'Cadeiryddes Cyngor Cymuned Llangynnwr yn llongyfarch un o'i hetholwyr' (*Gwefan y cyngor*).

Wrth i gymdeithas newid, rhaid i'r iaith newid hefyd. Pan fo ffyrdd newydd o deithio neu drin gwybodaeth yn cael eu dyfeisio, rhaid cael geiriau Cymraeg i'w disgrifio, er enghraifft **'rheilffordd'**, **'teledu'** a **'cyfrifiadur'**. Fodd bynnag, mae un newid mawr a welwyd yn y gymdeithas Gymreig nad oes a wnelo fo ddim â thechnoleg – a hynny yw rôl cynyddol merched yn ein cymdeithas. Ond sut ddylai'r iaith Gymraeg adlewyrchu'r newid yma?

Am ganrifoedd, pur gyfyng oedd y cyfleon i ferched i ddal swyddi neu ymarfer eu talentau tu hwnt i'r aelwyd, ond erbyn hyn mae mwy o gyfartaledd nag erioed o'r blaen rhwng merched a dynion. Does dim i rwystro merch rhag gweithio fel **adeiladwr**, **cyfreithiwr**, **barnwr** neu **gyfarwyddwr ffilm**, ond mae pob un o'r geiriau hyn wedi'u ffurfio drwy gyfuno'r gair **'gŵr'** gyda'r gweithgaredd dan sylw.

Felly, yn ôl rhai, mae'r iaith ei hun fel petai'n awgrymu mai gwaith 'gŵr', neu ddyn, ydi hyn go iawn, ac felly'n helpu i atgyfnerthu'r hen ragfarnau yn erbyn merched. Beth am newid terfyniad felly? Mae **'cyfreithwraig'** a **'newyddiadurwraig'** yn cael eu defnyddio (heb anghofio am y **'fydwraig'** wrth gwrs), ond mae termau fel **'barnwraig'** neu **'cyfarwyddwraig'** yn teimlo fel llond ceg braidd, ac a tydyn nhw ddim wedi cydio.

Mae sawl enghraifft arall o enw swydd lle mae'r geiriau eu hunain hefyd yn ein cyflyru ni i feddwl nad swyddi merched ydyn nhw i fod, megis '**dyn tân**', '**dyn llefrith**' a '**dyn llnau ffenestri**'. Erbyn heddiw byddai rhai yn collfarnu'r termau hyn fel rhai sy'n gwahaniaethu'n annheg yn erbyn merched, ond yn eironig, roedd y gair '**dyn**' erstalwm y̱ṉ gallu golygu gwryw a̱ benyw. Yn y bedwaredd ganrif ar ddeg, yn un o'i gywyddau, mae Dafydd ap Gwilym yn sôn am '*Dwyn taith i garu dyn teg.*'

Nid mynd i gyfarfod â bachgen del oedd o, ond merch. Roedd 'dyn' ar y pryd yn air oedd yn cwmpasu pobl yn gyffredinol, bechgyn a merched. Gwelwn ôl yr ystyr ehangach hynny mewn termau fel '**bod dynol**'. Nid 'bod gwrywaidd' yw ystyr y term hwn, ond *human*, chwedl y Sais, ond gydag amser, daeth y gair 'dyn' i olygu rhywun gyryw yn bennaf, ac wedyn roedd rhaid cael gair newydd i drafod y merched, sef '**dynes**'.

Mae'r gair hwnnw yn dyddio'n ôl i'r unfed ganrif ar bymtheg, ac erbyn hyn, yn y Gogledd, dyna'r gair mwyaf cyffredin efallai i ddisgrifio oedolyn o ferch. Mae'r terfyniad '-es' yn un cyffredin yn Gymraeg i ddynodi'r gwahaniaeth rhwng gwryw a benyw:

Almaenwr/Almaenes
Telynor/telynores
Plismon/plismones

Gall '–es' ar ddiwedd gair hefyd roi ystyr luosog neu dorfol iddo, er enghraifft mae '**buches**' wedi dod o ychwanegu '–es' at y gair buwch, ac yn yr un modd mae **llynges** yn golygu nifer o longau. Gan amlaf, fodd bynnag, mae ychwanegu'r terfyniad '–es' yn dangos mai merch sydd gennym dan sylw.

Wrth gwrs, nid yw pob enw swydd yn datgelu rhyw y sawl

sydd yn ei gwneud, er enghraifft, **meddyg**, **darlithydd**, **awdur**, **deintydd**, **gohebydd**. Gyda'r rhan fwyaf o'r swyddi hyn fydden ni ddim yn meddwl ychwanegu '-es' i ddangos mai merch oedd yn gwneud y gwaith. Fydden ni ddim yn sôn am ddeintydes, na gohebyddes, ond mae modd sôn am **awdures**, er bod rhai'n dadlau'n gryf na ddylid gwneud hynny. Onid y gwaith sy'n bwysig, nid rhyw y sawl sy'n cyflawni'r swydd?

Serch hynny, aros yn gryf mae'r reddf i ddefnyddio'r terfyniad '-es' gan rai. Fel y gwelsom yn barod, nid yw swyddi a swyddogaethau sy'n diweddu efo '-ydd' yn benodol i'r naill ryw na'r llall. Gall **cyfieithydd**, **gwyddonydd**, **cogydd** a **chadeirydd** i gyd fod yn ddynion neu'n ferched. Nid yw'r geiriau'n gwneud i ni ragfarnu, ond eto pan fo dynes yn gogydd bydd rhai yn mynnu ei galw'n **gogyddes**:

'*Trist iawn oedd ffarwelio â **chogyddes** yr ysgol ar ôl ugain mlynedd o wasanaeth.*'

Yn yr un modd, er fod 'cadeirydd' yn gallu bod yn ddyn neu'n ddynes, mae sawl pwyllgor ar draws Cymru yn nodi mai '**cadeiryddes**' sy'n llywio eu gweithgareddau:

'*Croesawyd pawb i'r cyfarfod gan **gadeiryddes** y llywodraethwyr.*'

Mae'n anodd esbonio weithiau pam fod hyn yn digwydd. Ar y we, mi ddes i ar draws un pwyllgor yn Nyffryn Teifi sy'n nodi fod ganddyn nhw '**gadeiryddes**', ond '**trysorydd**' ac '**ysgrifennydd**' er mai merched oedd yn dal pob un o'r swyddi yna!

Efallai fod y dryswch yna yn dangos fod agweddau wedi newid. Wedi'r cyfan, merched sy'n gwneud y swyddi hyn – a dyna'r peth pwysicaf, waeth beth yw eu teitlau.

49. CANT

Llun: Dyma'r math o bwysau fyddai'n gyffredin ers talwm pan ddefnyddiwyd clorian i bwyso nwyddau.
Ond sawl un o'r rhain fasa mewn 'cant' tybed?

A ninnau'n trafod hanes yr iaith mewn hanner cant o eiriau, tybiais y byddai'n syniad trafod y gair **'cant'** ei hun.

Be sydd 'na i'w ddweud am y gair 'cant'? Mi wna'i drio torri stori hir yn fyr, neu **'roi un gair am gant'**, fel mae pobl yn ei ddweud weithiau. Ac mi wna'i drio cadw at y gwir bob gair, achos yng ngeiriau'r hen ddihareb, **'mae un celwydd yn dad i gant'**.

'Cant' hefyd oedd y gair arwyddocaol i Gwen Tomos yn nofel Daniel Owen pan oedd hithau'n siarsio Mr Ernest i beidio â gwastraffu geiriau wrth drio'i pherswadio, yn groes i'w hewyllys:

'Wel, yrwan, Gwen mi ganiatewch i mi ddyfod i'ch danfon gartre.'

'Na'" ebe Gwen. 'Chewch chi ddim fy anfon i gartre Mr Ernest, **waeth i chi un gair na chant**.'

Mae 'cant' yn fanno yn air cyffredinol i gyfleu 'llawer'. Os dywedwn **'can niolch'** i rywun, 'dan ni ddim yn golygu ein bod ni am ddiolch iddyn nhw yn llythrennol gant o weithiau –

'llawer' 'dan ni'n feddwl.

Yn yr un modd, pan ddwedwn ni fod gynnon ni **'gant a mil'** o bethau i'w gwneud, 'nifer fawr' 'dan ni'n feddwl.

Ac os ymdrechwn ni **'gant y cant'** 'dan ni'n siwr o orffen y gwaith ac efallai y bydd ein hymdrechion yn talu nôl **'ar eu canfed'**.

Mae 'cant' yn gallu cael ei ddefnyddio i olygu 'canrif', a byddai pobl erstalwm yn sôn am yr **'ail gant'** ar ôl Crist, er enghraifft. **'Canrif'**, wrth gwrs, yw'r gair sy'n cael ei arddel fwya' y dyddiau hyn – ond tybed a oes rhyw faint o ôl yr ystyr arall pan ddywedwn:

*'Sut mae? Dwi heb dy weld di **ers cantoedd**!'*

Er bod Cymru wedi cael ei rannu'n siroedd heddiw (ac yn wir, dyna'r drefn ers rhai canrifoedd bellach), yn yr Oesoedd Canol roedd y wlad wedi rhannu yn hytrach yn **'gantrefi'**.

Dyna oedd yr uned weinyddol bwysica' yn yr hen amser, ac fel mae'r enw'n ei awgrymu, ym mhob 'cantref' roedd 'na gant o drefi. Nid trefi fel 'dan ni'n eu nabod nhw heddiw o reidrwydd; gallai 'tref' hefyd olygu clwstwr o dai, neu hyd yn oed dŷ unigol. Roedd maint daearyddol cantref yn amrywio tipyn – roedd 'na dri ohonynt ar Ynys Môn a phump ohonyn nhw yn yr hen Sir Forgannwg, ac wrth gwrs mae un cantref wedi diflannu o dan y don:

*'Mae clychau **Cantre'r Gwaelod** yn ddistaw dan y dŵr.'*

Oedd 'na gant union o drefi mewn cantref? Mae'n anodd gwybod bellach – ac mae'n deg dweud fod 'cant' yn hen rif ddigon anwadal beth bynnag, hefo pob math o ddehongliadau gwahanol o faint sydd i fod mewn cant. Tybed a ydach chi'n gwybod sawl pwys sydd mewn 'cant', mewn **'cant o lo'** er enghraifft (neu *hundredweight* yn Saesneg)? Na, nid cant – mae 112 o bwysau mewn 'cant'.

Sawl penwaig oedd mewn '**cant o benwaig**' wedyn tybed? Eto, nid cant, ond 126 o benwaig.

A sawl llechen oedd mewn '**cant o lechi**'? Mae hwn yn fwy cymhleth am fod yna ddewis – roedd 'na '**gant mawr**' o lechi a '**chant bach**' o lechi. 128 o lechi oedd 'cant mawr', a 32 mewn 'cant bach'.

Tebyg y gwnaiff hi gymryd cant o flynyddoedd cyn y dealla'i sut mae cysoni'r holl rifau 'ma. Efallai mai'r peth gorau i mi ei wneud ydi stopio rwan cyn i mi ddechrau teimlo '**fel hen gant**'. Ystyr lythrennol hynny ydi rhywun sy'n gant oed, ond tueddir i'w ddefnyddio mewn ffordd ddilornus i ddisgrifio rhywun sy'n edrych yn llawer hŷn na'i oed. A gan 'mod inna wedi drysu gymaint hefo be ydi 'cant', a be sy' ddim – mae'n derm digon addas yn fy achos i. (**Can't** beleive it' chwedl y Sais!)

50. DRWS

Llun: Drws castell Cas-gwent; tua 1090. Y drws hynaf yng Nghymru mae'n debyg – ond mae 'na ystyr hŷn o lawer gan y gair drws...

Ystyr gwreiddiol '**drws**' oedd bwlch cul rhwng dau fynydd, a dyna ystyr y 'drws' mewn enwau llefydd fel '**Drws y Coed**' yn Nyffryn Nantlle, neu '**Bwlch yr Oerddrws**' rhwng Dolgellau a Dinas Mawddwy.

Defnyddiwyd 'drws' wedyn i olygu bwlch mewn wal oedd yn rhoi mynediad i adeilad – ac wrth gwrs, yn yr adeiladau cynharaf, bwlch yn unig fyddai yno. Pan ddechreuwyd teimlo fod angen cau y 'drws' neu'r bwlch, yn y dechrau byddai pobl yn gosod '**dôr**' yno. Y 'drws' oedd y bwlch neu'r adwy, a'r 'ddôr' oedd y peth pren oedd yn cau'r bwlch. Dyma enghraifft o Feibl William Morgan yn 1588 sy'n dangos y gwahaniaeth rhwng y ddau:

'*Ac yr ydoedd dau **ddrws** i'r Deml... a dwy **ddôr** i'r drysau.*'

Erbyn heddiw, mae 'drws' wedi disodli 'dôr' fel y prif air i ddisgrifio'r peth pren sy'n rhoi mynediad i adeilad, ond caiff y gair 'dôr' ei ddefnyddio o hyd, yn enwedig ar gyfer drysau mawr ar stordy, garej neu dai allan ar fferm neu fel odl handi yng nghân enwog Cynan!

'Mi brynaf fwthyn unig
*Heb ddim o flaen ei **ddôr***
Ond creigiau Aberdaron
A thonnau gwyllt y môr.'

Mae sawl gwahanol fath o ddrws – **'drws cefn'** a **'drws ffrynt'**, ond does 'na ddim **'drws y blaen'** am rhyw reswm, er fod pobl Sir Benfro yn defnyddio **'drws mâs'** i olygu'r drws ar flaen y tŷ. Enw arall ar ddrws stabl yw **'drws dau hanner'** sy'n disgrifio'r math o ddrws lle mae modd agor yr ochr uchaf i edrych i mewn, tra bod yr hanner isaf yn aros ar gau i gadw'r anifeiliaid rhag dianc. Mae **'drws cudd'**, neu **'ddrws codi'**, ar y llaw arall, yn eiriau Cymraeg am *trapdoor*.

Beth am y gwahanol rannau sydd gan y drws? Mae'r rhan fwyaf yn troi ar ryw fath o **golyn** neu **golfach** sydd yn sownd yn ffrâm y drws, ac yn ei alluogi i agor a chau. Yn ôl Llyfr y Diarhebion:

'Fel y drws yn troi ar ei golyn felly y try'r diog yn ei wely.'

Disgrifiad gwych o'r diogyn yn troi nôl a mlaen yn ei wely wrth geisio mynd nôl i gysgu.

'Cil y drws' yw'r bwlch rhwng y ffrâm a'r drws ei hun, pan fo hwnnw ond ychydig ar agor, fel yn y gân draddodiadol:

Agorwch dipyn o gil y drws i weld y môr a'i donnau.

Ymadrodd arall ddefnyddir weithiau yw **'brathu pen trwy'r drws'**, hynny yw, gwthio'r pen yn unig i mewn i ystafell, heb fentro mewn ymhellach. Pan ddywedwn fod rhywbeth **'wrth y drws'**, gall olygu hynny'n llythrennol, er enghraifft *'mae dy ambarel di wrth y drws'*, ond os dywedwn *'mae'r Nadolig wrth y drws'*, defnyddir yr ymadrodd mewn ffordd mwy cyffredinol i olygu fod y Nadolig gerllaw.

Mae'r ymadrodd '**drws nesa**' wedi ehangu'i ystyr mewn ffordd ddigon tebyg. Ar ei ffurf fwyaf syml fe'i defnyddiwn i sôn am 'y tŷ drws nesaf', ond weithiau byddwn yn hepgor y gair '**tŷ**':

'mae drws nesa yn wag ers chwe mis rwan.'

Nid y drws sy'n wag, wrth gwrs, ond y tŷ cyfan. Yn yr un modd, gallwn sôn am '**bobl drws nesa**' neu '**ddyn drws nesa**':

'Geshia pwy welish i ar y trên? Dyn drws nesa.'

Yn amlwg, doedd o ddim 'drws nesa' pan oedd o ar y trên, ond 'dan ni'n deall o hyn mai 'dyn o'r tŷ drws nesa' sydd o dan sylw.

Weithiau, caiff yr ymadrodd ei ddefnyddio mewn ffordd fwy ffigurol fyth i olygu fod rhywbeth wedi dod yn agos iawn at ddigwydd:

*'Ddaru ni erioed gweryla'n gyhoeddus, ond mi fuon ni **drws nesa** at wneud sawl tro.'*

Gellir defnyddio'r gair 'drws' mewn ffordd mwy symbolaidd hefyd. Byddai'r hen bregethwyr yn sôn am '***ddrws gobaith***' neu '***ddrws edifeirwch***'. Efallai fod yr ymadroddion yma'n swnio'n hen ffasiwn bellach, ond ar lafar daliwn i ddefnyddio'r gair 'drws' neu 'ddrysau' weithiau i gynrychioli rhwystredigaeth:

'dwi'n cynnig syniada newydd drwy'r amser ond dwi'n teimlo fod y drysau'n cau yn fy ngwyneb o hyd.'

Os yw 'drysau'n cau' yn cynrychioli rhywbeth negyddol, mae o leiaf un enghraifft yn ein llenyddiaeth ni lle roedd '**agor drws**' yn rhywbeth negyddol hefyd. Ym Mabinogi Branwen, mae'r gwledda a'r hwyl yn parhau am wyth deg mlynedd mewn neuadd ar Ynys Gwales, nes i Heilyn fab Gwyn ddifetha popeth:

'Agori y drws a wnaeth.'

Rhyw fath o **ddrws gofid** oedd hwnnw – cawsant eu rhybuddio i beidio â'i agor, ond trwy wneud hynny, fe'u hatgoffwyd o bob colled a brofasant erioed, a bu rhaid gadael yr ynys. Fel arfer, fodd bynnag, mae **'agor drws'** yn cynrychioli rhywbeth mwy positif, megis swydd newydd yn *'agor drysau'* i rhywun.

Felly, cyn cloi'r drws yn glep ar y bennod hon, sydd yn 'glo' ar gyfrol sydd wedi ymwneud â rhai o ddirgelion ein hiaith ni, fedra i mond gobeithio fod *Hanes yr Iaith mewn Hanner Can Gair* wedi **agor y drws** ar ambell i gwestiwn difyr i chwithau fel ag i minnau!

DARLLEN PELLACH

'Datblygiad yr Iaith Gymraeg', Henry Lewis (Gwasg Prifysgol Cymru, 1946) sy'n cynnig y trosolwg gorau ar y maes hwn.

Mae nifer fawr o gasgliadau gwerthfawr o eiriau ac ymadroddion. Dyma'r rhai y bûm i'n eu defnyddio fwyaf:

'Llyfr o Idiomau Cymraeg', R.E. Jones (Gwasg John Penry, 1975)

'Ail Lyfr o Idiomau Cymraeg', R.E. Jones (Gwasg John Penry, 1987)

'Dawn Ymadrodd: taith drwy'r iaith' Mary Wiliam (Gwasg Gomer, 2016)

Er bod Mary Wiliam yn trafod geiriau ac ymadroddion o bob cwr o Gymru, mae'n rhoi pwyslais gwerthfawr ar iaith Morgannwg a Gwent. Dyma ddau lyfr arall hefo pwyslais mwy lleol; iaith Eifionydd yw testun

'Amen Dyn Pren: Difyrrwch ein hiaith ni', Gwilym Tudur, Mair E. Jones (Gwasg Gwynedd, 2004)

ac iaith y Cardis sydd i'w chael yn

'Fyl na Weden i': Blas ar dafodiaith canol Ceredigion, Huw Evans a Marian Davies (Gwasg Carreg Gwalch, 2000)

ond wrth gwrs, detholiad yn unig yw'r rhain – mae sawl casgliad gwerthfawr arall ar gael. Bu Geiriadur Prifysgol Cymru yn ffynhonnell bwysig hefyd ar gyfer llawer o'r enghreifftiau a drafodwyd yn y gyfrol hon. (http://geiriadur.ac.uk/gpc/gpc.html)

Yn olaf, cofiwch fod modd gwrando ar yr eitemau gwreiddiol ar wefan y BBC o hyd, http://www.bbc.co.uk/programmes/p04b0whl